天下雜誌

觀 念 領 先

強大內心的
自我對話習慣

緊張下維持專注，混亂中清楚思考，
身陷困難不被負面情緒拖垮，任何時刻都發揮高水準表現

CHATTER

The Voice in Our Head, Why It Matters, and How to Harness It

伊森・克洛斯
ETHAN KROSS ——著

胡宗香——譯

各界好評推薦

克洛斯不只是享譽世界的科學家，他也很會說故事。他在本書中寫出內在對話為何不可或缺，也告訴我們如何成為內在聲音的主人。熱切、清晰、極具說服力，正是世界現在需要的開創之作。

——《安靜，就是力量》作者坎恩（Susan Cain）

讓人耳目一新、目不轉睛的傑作——這本劃時代的著作將改變你對人性的想法。克洛斯充滿智慧，正直善良，也是世界級的心理學者。需要建議時我總會打電話給他。現在有了這本書，每個人都有機會透過我所認識的智者，了解自己的內在對話。所有人的必讀之作。」

——《恆毅力》作者達克沃斯（Angela Duckworth）

我的專業生涯都在研究失控的負面思考如何使人遠離成功。在本書中，克洛斯結合最先進的科學與扣人心弦的故事，告訴我們可以用來管理這類經驗的工具。深具說服力與價值的一本書。

——《心態致勝》作者杜維克（Carol Dweck）

在這本現代經典中，克洛斯闡明並解答了如何掌握自我對話。讓人不忍釋卷，原創、令人耳目一新，這本書將幫助你贏得與自己的爭論。

——《做自己的生命設計師》作者埃文斯（Dave Evans）

這本書將從根本改變你生命中最重要的對話——你和自己的對話。

——《反叛，改變世界的力量》作者格蘭特（Adam Grant）

克洛斯的思考深刻而富原創性，研究工作也總是透徹而發人深省。有他的名字的作品，我一定會閱讀。

——《人生賽局》作者柯尼可娃（Maria Konnikova）

克洛斯寫出了終極之作，告訴我們如何將內在對話從反芻思考和自我批評，轉向自我省思和進步。深刻而實用之作——讓你對自己有新的認識，得到邁向充實人生的新策略。

——《動機，單純的力量》作者平克（Dan Pink）

與自己溝通的方式有對錯之分嗎？如果有，有沒有好方法能幫助內在對話太大聲的人？……克洛斯找到了答案。

——《衛報》

我們的內在對話神祕、震撼人心，我們透過它察覺自己是誰、在想什麼。克洛斯對於管理和控制這個聲音有些好點子。

——《紐約客》

這本書收集了引人入勝的故事，檢視我們透過與自己的無聲對話，馴服負面思緒的力量，以及我們都擁有不可思議的能力，能成為更好的自己。

——美國 CNN 有線電視新聞網

克洛斯的專業也許是科學家，但這本書證明了他也是說故事高手，他以輕鬆幽默的方式寫出一本容易消化的書，闡述大腦如何運作，而我們如何能讓無休止的小對話安靜下來。

——《今日美國》

讓內在聲音安靜下來的指南，實際而有用。

——《書單》雜誌

克洛斯是密西根大學情感與自制力研究室的主持人，初試啼聲之作讓人眼界大開，一探如何管理我們『與自己的無聲對話』……激發思考。——《出版人週刊》

得獎心理學家揭露我們內在聲音的隱藏力量，帶我們看見如何控制這個力量，過著更健康、更滿足而更有生產力的生活。

——Next Big Idea Club 選書

讓人著迷的敘事，行文流暢而充滿洞見……克洛斯告訴我們如何改善與自己的對話，讓自己更快樂、更健康也更有生產力。一本真正會改變人心的書。

——柯克斯書評（Kirkus）

獻給父親，感謝您教導我向內探索，

也獻給

蘿拉、瑪雅和丹妮，

你們是治癒我內心小對話的最佳良藥

我想，最大的挑戰是永遠保持自己的道德感。對我而言，這指的是我內在的對話。我用那個內在聲音衡量自己的行為。至少對我而言，那個聲音一直都在，一直在對我說話，它讓我知道自己是走在正途上，還是走偏了。

——巴拉克．歐巴馬（Barack Obama）

我腦子裡的聲音是個混帳。

——丹．哈里斯（Dan Harris）

目錄

前言

我們與自己的無聲對話

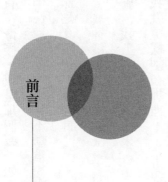

我站在黑暗的客廳裡，指節泛白，手裡緊握著小聯盟球棒黏黏的橡膠把手，迫切的想保護我太太和剛出生的女兒，不被那個我素昧平生的瘋子傷害。這個畫面看起來有多奇怪，或是那個瘋子如果真的出現我會怎麼做，這些想法都被恐懼淹沒。我腦中快速流動的思緒不斷重複同一件事。

都是我的錯，我告訴自己。我健康可愛的新生寶寶和太太就在樓上，她們都很愛我。我卻讓她們陷入危險。我到底做了什麼？該怎麼辦？這些想法就像恐怖的遊樂設施，我上去了卻下不來。

我就這樣困在那裡——不僅被困在黑暗的客廳，也困在我腦中的惡夢。我是科學家，還主持一個專門研究自制力的實驗室，我是研究如何停止負面思考不斷惡化的專家。但現在，我在凌晨三點死盯著窗外，手裡抓著一根小球棒，折磨我的不是寄了滿紙狂言給我的怪物，而是我腦中的怪物。

我怎麼會走到這一步？

一封恐嚇信

那一天的開始再尋常不過。

我早早起床，穿好衣服，幫忙餵女兒，換尿布，然後快速吞下早餐。我和太太吻別後出門，開車前往我在密西根大學的辦公室。那是二〇一一年春季的某個寒冷但寧靜的晴天，就好像那一天的思緒也應該是寧靜而充滿陽光的。

抵達密西根大學歷史悠久的心理學系巨大磚牆建築「東樓」（East Hall）後，我在信箱裡發現一個不尋常的東西。在堆積一陣子的一疊科學期刊上面有一個信封，上面手寫的收件人是我。我好奇信封裡有什麼，畢竟我很少在工作場所收到手寫地址的信件，於是我打開信封，邊往辦公室走邊開始讀信。就在那當下，我還沒察覺到自己在發熱，就感覺到汗水沿著脖子流下。

那是封恐嚇信，是我這輩子第一次收到。

前一週我上了哥倫比亞廣播公司（CBS）晚間新聞，簡短談論我和同事剛發表的一項神經科學研究，這項研究證明了身體與情感上的痛苦，比先前研究所顯示的更為相似。事實上，大腦接收情感與身體痛苦的方式出奇地相似。原來，心碎是真的會痛。

我們對這樣的研究結果很興奮，但除了幾家科學期刊會打電話來做簡短的採訪，我們並未預期會引發其他反應。出乎意料的是，我們的研究開始瘋傳。前一分鐘我還在對大學生講授愛情的心理學，下一分鐘就到校園裡的攝影棚上了一課媒體訓練速成班。訪問順利完成，我沒有結巴太多次，幾小時後節目就播出了。這是一個科學家體驗成名的十五分鐘，但實際上差不多只有九十秒。

我不清楚我們的研究為何得罪了寫信的人，但是信中那些暴力的圖畫、仇恨的語言和讓人擔憂的訊息，都清楚地傳達這個人對我的看法，我開始想像對方會用什麼形式來展現這樣的惡意。更糟糕的是，這封信不是來自遠方。用郵戳上 Google 查詢後，我發現這封信來自只有十幾公里外的地方。我的想法開始無法控制的亂轉。在命運無情的轉折下，現在正是我在經歷強烈到有如實體痛苦的劇烈情感。

那天稍晚，和大學管理階層幾番談話之後，我人在當地警察局，焦急地等著跟值班的警員談話。聽我陳述的警員雖然很和善，但是並沒有讓我安心。他給了我三個建議：打給電信公司，確認我的家用號碼沒有刊登在電話簿裡，留意辦公室附近出沒的可疑人士，還有（這是我個人覺得最絕的）每天下班都換一條路線開回家，確保沒人掌握我的行蹤。就這樣。他們沒有要派特別小組。我只能靠自己。這完全不是我期待聽到的讓人安心的回應。

那天，我開車穿過安娜堡（Ann Arbor）的林蔭街道，繞遠路回家時思考著如何處理這個情況。我心想，我們來看看事實。我需要擔心嗎？我需要做什麼？

按照那位警員、以及聽我說過這件事的幾個人所說，這些問題有明確的答案。你不需要擔心。這種事總會發生。你能做的也不多。害怕是正常的。放輕鬆。公眾人物一天到晚收到這種虛張聲勢的恐嚇，最後什麼也沒發生。會過去的。

但我腦中的對話不是這樣的。相反的，我腦中的悲觀想法不斷放大，成為無止盡的迴圈。我做了什麼？我腦中的聲音大喊，接著陷入瘋狂狀態。我應該打電話給警報器公司嗎？我該買槍嗎？我們該搬家嗎？我可以多快找到新的工作？

接下來兩天，類似的對話不斷在我腦中重複，弄得我緊張不已。我沒有胃口，不斷以毫無建設性的方式和太太討論那封恐嚇信，弄得我們之間也陷入緊繃。每次女兒房間傳來一點微弱的聲響，我都會嚇一跳，立刻假設女兒一定大難臨頭，而不是更顯而易見的解釋——可能是搖籃的聲音，也可能是寶寶脹氣。

我不斷來回踱步。

連著兩個晚上，太太女兒在床上安睡時，我穿著睡衣、手拿小聯盟球棒，站在樓下守衛，從客廳窗戶往外監視，確保沒人靠近我家，但如果真的發現有人潛伏在外，我也毫無頭緒該怎麼做。

我的焦慮感在第二晚達到最高峰，我做了一件很丟臉的事。我在電腦前坐下，想用 Google 搜尋關鍵字「學者專用保鑣」。現在回想簡直荒唐，但在當時顯得既急迫又合理。

內省的科學

我是一名實驗心理學者與神經科學家，在我創辦並主持的密西根大學「情緒與自制力實驗室」（Emotion & Self Control Laboratory）研究內省的科學。我們研究人們與自己進行的無聲對話，這些對話深深影響著我們的生活。我的專業生涯都在研究這些對話：哪些對話、為何有這些對話，以及我們可以如何利用這些對話幫助人們過得更快樂、更健康、更有生產力。

同事和我喜歡想像自己是心智世界的技工。我們會邀請人們來研究室參與精心設計的實驗，也會在人們實際的日常經驗中做「野外」研究。我們使用的工具來自心理學和醫學、哲學、生物和電腦科學等多元學科，希望能回答一些令人困擾的問題，例如：為什麼有些人可以透過「專注於內在、了解自己的感受」的過程而受益，有些人卻會因此而崩潰？人在壓力下如何明智思考？跟自己說話的方式，有對錯之分嗎？我們該如何與我們在乎的人溝通，同時不助長他們或自己的負面思考與情緒？社群媒體上無數其他人的「聲音」，會影響自己腦中的聲音嗎？透過仔細檢視這些問題，我們獲得不少意外的發現。

我們發現，特定的話語和行為可以改善內在對話。我們發現解開大腦「魔法」後門的鑰匙——如何運用安慰劑、護身符和儀式，可以讓我們更有韌性。我們發現，在書桌上放哪些照片能幫助我們從情感傷害中復原（提示：大自然之母的照片和我們自己母親的照片一樣有安慰的力量），為什麼抱動物填充玩具有助於緩解絕望，累了一天之後該如何與伴侶交談或避免交談，你在社群媒體上可能做錯了哪些事，以及思考問題時應該去哪裡散步。

我對自我對話如何影響情緒的興趣，早在我考慮以科學為業以前就開始，甚至也早在我真正了解什麼是情緒以前。我著迷於我們兩耳之間那個豐富、脆弱、永遠在變動中的世界，這可以回溯到我人生的第一個心理學實驗室：我成長的家中。

我成長在布魯克林勞工階級居住的卡納西區（Canarsie），父親從小就教我自省的重要。我猜多數三歲小孩的爸媽都在教小孩怎麼定時刷牙、善待別人的時候，我爸爸的優先順序不太一樣。向來喜歡跳脫傳統的父親，最關心我的內在選擇，總是鼓勵我碰到問題時，就要「向內探索」。他總愛告訴我，「問自己**那個問題**。」我始終不知道他指的究竟是哪個問題，不過在某個層面上我明白他要我做的是什麼：**從自己的內在尋找答案**。

在許多方面，我爸就是行走的矛盾體。如果他不是在紐約車水馬龍的喧囂街頭對其他駕駛比中指，或是在家中電視機前幫洋基隊加油，我就會看到他在房裡冥想（通常有根菸垂在他濃密的鬍鬚下）或是在讀《薄伽梵歌》（*Bhagavad Gita*）。但是隨著我長大，碰到的情況比是否要偷吃一塊餅乾或拒絕打掃房間更複雜時，爸爸的忠告逐漸變得有份量起來。我應該約高中的暗戀對象出去嗎？（我約了，她拒絕了。）看到朋友偷了別人的皮夾，我應該質問他嗎？我該去哪裡讀大學？我以自己的冷靜思考為豪，靠著「向內探索」幫助自己做出正確決定，很少失誤（有一天我暗戀的對象會答應我的邀約；最後我娶了她。）

也許並不意外，我上大學以後發現心理學時，感覺就是命中注定。這個學科所探索的，正是小時候我爸沒有在聊洋基隊時，一天到晚在談的事情；心理學似乎解釋了我的童年，同時指出了一條通往成年的道路。心理學也給了我新的詞彙。我在大學課堂上學到的許多事情之一，就是在我一點也不特立獨行的母親默許下，父親多年來的禪風教養其實都環繞著一件事情——內省。

在最基本的意義上，內省就是主動關注自己的想法和感受。這項能力讓我們得以想像、記憶、省思，繼而利用這些意念去解決問題、革新和創造。包括我在內的許多科學家都視此為**區分人類與其他物種最重要的演化進展之一**。

父親一直相信，培養內省能力將有助於我度過難關。刻意的自我省思會導向明智而有益的選擇，也會帶來正向情緒。換句話說，向內探索可以通往強韌而充實的人生。這一切都很合理。但我很快就了解到，對許多人而言完全不是這樣。

近年來，大量新研究顯示，當我們陷入苦惱時，內省造成的傷害往往多於好處，會削弱我們的工作表現，干擾我們做出好決策，並對我們的人際關係造成負面影響；也有可能誘發暴力和攻擊性，導致各種心理疾患，並增加我們罹患身體疾病的風險。以錯誤的方式關注自己的思緒和感覺，可能導致職業運動員失去磨練了一輩子的技巧，讓平時理性有愛心的人作出不合理、甚至有違道德的決定，導致朋友在真實與社群媒體的世界中遠離你，讓戀愛關係從避風港變成戰場，甚至可能加速我們外觀以及體內DNA的老化。簡言之，我們的思緒時常會讓我們受困於自己的思緒。我們腦中的思緒經常會引發危險。

這就是「小對話」（chatter）。

小對話是負面想法和情緒構成的循環，會把我們獨特的內省能力從祝福變成詛咒，危及我們的表現、決策能力、人際關係、快樂與健康。我們不停想著工作上搞砸的那件事，或是和愛人之間的誤解，最終被糟糕的感覺淹沒。然後我們又繼續想這些事。如此往復不斷。我們內省是希望找到內在的教練，但找到的卻是我們內在的批判者。

當然，最重要的問題是：**為什麼會這樣？**為什麼我們碰到問題時向內探索的嘗試，有時候成功，有時候失敗？同樣重要的是，當我們發現內省能力開始失控時，該如何將它導回正軌？我的專業生涯都在探討這些問題。我學到，關鍵在於從本質上改變我們意識生活中最重要的對話之一：那就是我們和自己的對話。

人類天生無法活在當下

二十一世紀普遍鼓勵人們**活在當下**。我理解這句格言的智慧。它勸人與其受制於過去的痛苦或對未來的焦慮，不如專注於此刻與他人和自己的連結。然而，身為研究人類心智的科學家，我忍不住要指出這個立意良善的訊息有多麼違反我們的生物本能。人類生來就不是要隨時緊抓著現在。我們的大腦不是為此而演化的。

近年來，檢視大腦如何處理資訊、並讓我們得以同步監測行為的先進方法，解開了人類心智隱藏的運作機制。這些研究也揭露了一個有關我們物種的驚人事實：我們清醒時有三分之一到一半的時間，都不是活在當下。

我們會像呼吸一樣自然地從此時此地「脫鉤」（decouple），大腦把我們帶回過去的事件，想像的場景，或其他內在的思緒。這種傾向極為根本，稱為我們的「預設狀態」（default state）。大腦沒有在關注其他事情時就會自動轉回預設狀態，而且往往連我們正在做其他事情時也會如此。你一定注意過自己應該專注於一項工作時，思緒卻在漫遊，好像它有自己的意志。我們永遠在逃離當下，進入屬於心智的非線性平行世界，每一分鐘都不由自主的被吸回「內在」。有鑑於此，「心智生活」增添了一層新意義：我們很大一部分的生活經驗**就是我們的心智活動**。那麼，我們脫離當下時發生了什麼事？

我們會跟自己說話。

而且我們會聽自己說什麼。

自文明伊始，人類就在與這個現象搏鬥了。早期基督教神祕主義者最討厭那個老是干擾他們靜默沉思的腦內聲音，有些人甚至認為那是魔鬼的聲音。大約同時期的東方，中國佛教徒試著解釋這種會讓個人情感世界蒙上烏雲的混亂心智天氣，稱之為妄念。然而，許多古老文化也相信內在聲音是智慧的泉源，這樣的信念奠定了數千年來的修行，如默禱與冥想（也是我爸奉行的哲學）。許多信仰傳統不只對內在聲音感到恐懼，同時也看見其價值，正說明了我們對內在對話模稜兩可的態度，到今天依然如此。

當我們談及內在的聲音時，大家自然會想到病理上的面向。我在演講開場時經常問觀眾，是否會在腦中和自己說話。許多人見到其他人也舉手時，看來鬆了一口氣，每一次都是這樣。不幸的是，我們在腦中聽到的正常聲音（例如來自我們自己、家人或同事的聲音），有時會惡化成為心理疾病常見的異常聲音。在這樣的情況中，當事人不相信聲音來自自己的心智，而是認為聲音來自另一個實體（例如懷抱敵意的人、外星人或政府，這是幾種常見的聽幻覺）。很重要的是，探討內在聲音時，心理疾病和健康之間的差異並不適用於生病或健康這樣的二分法，而是文化和程度的問題。人腦有一個奇特之處，大約每十人就有一個人將聽到的聲音歸屬於外部因素。我們還在嘗試了解原因。

總之，我們每個人腦中都有一個聲音，只是形式與表現不同。語言的流動與我們的內在生活緊密連結，即使在有聲音機能障礙的情況下，腦中的聲音依然存在。例如，有些口吃的人表示，他們在腦中說話時比實際說話時更流暢。使用手語的失聰者也會自言自語，不過他們有自己的內在語言。他們會對自己比手語，類似具聽覺的人使用話語與自己私下對話。內在對話是心智的基本特徵。

如果你曾在腦中為了記住而重複默念電話號碼、重新播放一段對話並想像自己當時應該說什麼，或是在解決問題或學習新技巧時說話引導自己，那你就曾經體驗過內在對話。多數人每天都仰賴並得益於這個內在的聲音。我們從當下抽離時，往往是為了與那個聲音對話，或是聆聽它有什麼話要說——而**它可能有很多話要說**。

我們思緒的語言流（verbal stream of thought）非常勤勞，根據研究，我們在心裡與自己交談的速度，相當於每分鐘說出四千個字。這樣的語速有多快？我們可以看看當代美國總統的國情咨文演說，演說一般文長約六千字，時間超過一小時。我們的大腦可以把相似的字數塞進短短六十秒內。表示若我們一天醒著的時間有十六小時（多數人都是），而我們內在聲音活躍的時間大概是清醒時間的一半，那麼理論上我們每天可以聽到大約三二〇場國情咨文演說。你腦中的聲音講話很快。

儘管內在聲音很多時候都運作得宜，但它往往會在我們最需要的時刻引發小對話，例如壓力變大、事情攸關重大、碰到最需要沉著以對的困難情緒時。有時候這些內在對話是漫無頭緒的冗長獨白；有時是與自己的對話；有時候是強迫性的重演過往事件（反芻思考）；有時候是對未來事件憂心忡忡的想像（憂慮）；有時候是在負面感受與想法之間彈跳的自由聯想；有時候會固著在一個特定的負面感受或想法上。

不論它如何展現，當內在聲音失控、當小對話掌握了心智麥克風，這時候我們的心智不僅會折磨我們，還會癱瘓我們，甚至導致我們做出傷害自己的事情。

這就是為什麼我會在深夜時死盯著窗外，手裡還拿著一支小得可笑的球棒。

待解的謎題

我研究生涯中獲得最關鍵的一個認知，就是**減少小對話並掌控內在聲音所需的工具，其實不假外求**。這些工具往往隱藏在顯而易見處，等著我們取用。它們存在於我們的心智習慣、怪癖和日常生活中，也存在於和我們互動的個人、組織與環境之中。在本書中，我會分享這些工具，說明它們如何運作，又能如何組成一個工具箱，這是演化為了幫助我們管理自我對話所送的禮物。

在接下來的章節，我會把實驗室帶到讀者面前，也會分享許多人與小對話搏鬥的故事。你會看到前美國國安局探員、羅傑斯先生、馬拉拉、「詹皇」勒布朗．詹姆士、南太平洋特羅布里安島民，還有許多和你我一樣的人的心智生活。不過在本書一開始，我們會先探討內在對話到底是什麼，以及它奇妙的功能。接下來我們會看到自我對話的黑暗面，以及小對話對我們身體、社交生活與事業可能造成的驚人損害。內在對話既是有用的超能力，也是傷害我們的毀滅性氪石，這種無可迴避的拉鋸，是人類心智的一大謎題。這個聲音怎麼會既是最好的教練，又是最嚴厲的批評者？後續的章節將介紹減少小對話的科學方法，這些技巧正協助我們快速解開有關心智的謎題。

克服小對話的關鍵並不是停止和自己說話。真正的挑戰是如何更有效率地與自己對話。幸好，你的心智與周圍的世界都經過精心設計，都可以助你一臂之力。但是在探討如何控制腦中的聲音以前，必須先回答一個更基本的問題。

為什麼會有這個聲音？

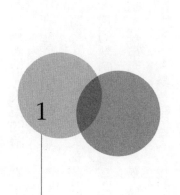

1

不可或缺的心智能力

大腦內建的自我對話功能，
能幫助我們反省過去、回應當下狀況、預演未來

紐約市的人行道是無名的高速公路。白天，數百萬行人沿著路面專心大步行走，臉上好像戴了面具，不透露任何事情。在街道下方的地鐵平行世界，也充滿同樣的面無表情。大家閱讀、看手機、盯著廣大無形的不知何處，臉上的表情與他們腦中在想的事情毫無關聯。

當然，八百萬紐約人莫測高深的面容，是他們學會立起的一道白牆，遮住了牆另一邊的熱鬧世界：一個隱藏的思想空間（thoughtscape），有著豐富活躍的內在對話，經常充斥著小對話。畢竟，紐約居民的精神官能症，幾乎與他們的冷硬態度一樣出名。（身為紐約人，我說這句話時帶著愛。）那麼，想像一下如果我們能鑽進他們的面具底下，偷聽他們的內在聲音，可以得到多少訊息。事實上，這正是英國人類學者厄文（Andrew Irving）自二〇一〇年起花了十四個月所做的事情：聆聽約一百位紐約客的腦內對話。

厄文希望窺見人類心智中語言生活的原始樣貌，也可以說是生活的有聲採樣。這項研究其實源自於他想了解人們如何思考死亡。厄文任教於曼徹斯特大學，曾在非洲從事田野工作，分析HIV病毒／愛滋病確診者的內在獨白。不意外地，確診者的思緒充滿得病所引發的焦慮、不確定和痛苦的情緒。

厄文想將這些發現與另一群人比較，這群人也會有煩惱，但不見得一開始就處於痛苦狀態。為了進行比較，他直接（也勇敢的）找上紐約街頭、公園與咖啡館裡的人，說明他的研究，並詢問他們是否願意對著錄音裝置訴說自己腦中的思緒，讓厄文從遠方拍攝他們。

有些日子會有幾個人同意，其他日子只有一人。厄文本來就預期多數紐約人會因為太忙或心存懷疑而拒絕。最後，厄文收集到一百則他稱為「內在語言流」（stream of internally represented speech）錄音，長度從十五分鐘到一個半小時不等。顯然，這些錄音並不是通往心智後臺的全面通行證，因為某些參與者的錄音可能含有表演成分。即使如此，我們還是能從中一窺人們與自己的日常對話。

在厄文的研究中，每個人都有一部分的心智空間被平凡的思慮占據，這很自然。許多人會評論他們在路上看到的事，例如其他行人、汽車駕駛和交通狀況，也會提到自己的待辦事項。但除了這些平凡的思緒，人們腦中同時還存在試著處理個人創傷、痛苦和擔憂的對話。這些敘事往往會突然轉向負面內容，像是思緒之路上突然出現巨大坑洞。例如，厄文的研究有位名叫梅樂蒂絲的參與者，她的內在對話就從日常瑣事突然轉向生死大事。

「不知道這附近有沒有 Staples 文具店，」梅樂蒂絲說，接著像突然變換車道，她想到朋友最近被診斷出癌症。「你知道嗎，我以為她要告訴我她的貓死了。」她過了馬路，接著說，「我本來準備好為她的貓而哭，結果變成要忍住不為她的事而哭。沒有瓊恩的紐約簡直是……我根本難以想像。」她開始哭泣。「不過她可能會沒事。我喜歡治癒機會有二〇%的那句話。還有她朋友說『你會搭一架有二〇%機會墜毀的飛機嗎？』不會，當然不會。不過電話上很難深入地聊，她感覺有所保留。」

梅樂蒂絲似乎在面對和處理這則壞消息，而不是淹沒在其中。與不悅情緒相關的思緒不見得是小對話，這就是一例。她的情緒沒有無止盡地下沉。幾分鐘後她又過了一條馬路，思緒繞回眼前的任務：「這裡有Staples嗎？我記得有。」

梅樂蒂絲腦中處理的是失去摯友的恐懼，另一位名叫東尼的男子則執著於另一種悲傷：失去關係中的親密感，甚至是失去關係本身。他背著郵差包走在行人來往的人行道上，展開一連串即興對話：「我不管了……聽好，要嘛忍下來，不然就離開。總之我不管了。我懂你不想讓所有人知道，但我又不是別人。你們兩個要生寶寶了！打通電話很難嗎？」被排除在外顯然讓他感覺受傷。他似乎正處在某個支點上，一邊是待解決的問題，另一邊是使人沉溺的情緒。

「明白了，完全明白了。向前走。」東尼接著說。他不只是在用語言表達情緒，同時也在尋找最佳處理方式。「事實是，」他繼續說，「這可以是個退場方式。他們告訴我他們要生寶寶時，我覺得自己像外人，覺得被排擠。但也許這是個逃生口。之前我很不爽，但我必須承認，現在沒那麼不爽了。這可能對我也是好的。」他輕輕的苦笑，然後嘆氣。「我確定這是個出口……我現在正面看待這件事……我之前很不爽。我覺得好像你們兩個才是一家人……現在你們也**真的是**一家人。而我走到了出口……抬頭挺胸！」

接著是蘿拉的對話。

蘿拉煩躁不安的坐在咖啡館裡等待男友的消息，他去波士頓了。他們說好他會回來幫她搬到新公寓，她從前一天就開始等電話。她深信男友發生致命的意外了，前一晚在電腦前坐了四個小時，每分鐘都重新以關鍵字「公車事故」搜尋結果。然而她也提醒自己，她陷入這種強迫性的負面思考漩渦，並不只是煩惱男友可能碰到公車事故，他們是開放式關係，雖然這從來就不是她要的，而且讓她非常難受。「理論上維持開放關係是為了性自由，」她告訴自己，「但這從來就不是我真正想要的……我不知道他在哪裡……哪兒都有可能。他可能和另一個女孩在一起。」

梅樂蒂斯相對鎮定的處理壞消息（因為朋友罹癌而哭是很正常的反應），東尼平靜的指導自己放下過去向前走，但蘿拉卻困在不斷重複的負面思考中。她不知道如何繼續往前。同時，她的內在獨白會回溯過去，思索讓她與男友的關係演變成現狀的那些決定，她而言，過去就存在於當下，梅樂蒂絲與東尼的情形也一樣。他們各自的處境導致他們以不同方式處理經驗，但是他們都在面對已經發生的事情。同時，他們的獨白也投射到未來，思考以後會發生什麼事，或者他們該怎麼做。這種內在對話在不同時空間跳躍的模式，凸顯了我們都曾有過的經驗：**我們的心智很喜歡時光旅行**。

雖然回憶有時也會讓我們誤入小對話的漩渦，但是回到過去或想像未來在本質上並不是壞事。在精神上時間旅行的能力是人類心智極為珍貴的特色，讓我們得以用其他動物不能的方式理解過去經驗，還能規劃未來，為突發事件預做準備。我們會和朋友談論自己做過的事和我們即將做或想做的事，同樣的，我們也會跟自己談論這些事情。

厄文實驗中的其他志願者也展現出在時間中跳躍的思緒，由喋喋不休的內在聲音編織在一起。舉例來說，一名年長女性過橋時，回憶起小時候與父親一起走過同一座橋時，有一名男子從橋上往下跳，結束了自己的生命。那是印象很深刻的記憶，一部分是因為她父親是職業攝影師，拍下了那一瞬間的照片，最後刊登於該市報紙上；另一方面，一名三十來歲的男子走過布魯克林橋，想著建造這座橋所耗費的龐大人力，同時告訴自己在即將展開的新工作上一定能順利；另一名女性在華盛頓廣場公園等待遲到的盲目約會對象時，回憶起劈腿的前男友，最後觸發了她想到自己是如何渴望人際上的連結與得到精神上的解脫；其他參與者談到可能面臨的經濟困難，有些人的焦慮則圍繞著發生在十年前，但至今仍揮之不去的陰影：九一一恐怖攻擊。

與厄文慷慨分享其思緒的紐約客，體現了我們預設狀態多元而豐富的本質。內在對話以各種方式把人們帶往內在世界，引導他們走入各式各樣的語言思想流。這些私密對話的細節，與人們各自的生活一樣充滿個人特質。

然而從結構而言，大家的心智中發生的事情非常相似。人們處理的往往是負面內容，許多是透過聯想式的連結，從一個思緒連到下一個思緒。有時候他們的思考具有建設性，有時候則否。他們也花了可觀的時間**想自己**，思緒不斷回到自己的經驗、情緒、欲望與需求。這種聚焦於自我的傾向，正是預設狀態的主要特徵之一。

實驗中的紐約客有這些共同點，但他們的獨白也凸顯了人類的另一個共通點：內在聲音永遠都在，永遠有話要說，我們每個人都有利用心智去理解經驗的需求，以及語言在這件事上扮演的重要角色。

無疑地，我們都具有非語言形式的感受與思緒——視覺藝術家與音樂家追求的正是這種精神表現——但人類存在於文字的世界。多數時間我們透過話語和其他人溝通（雖然身體語言和手勢顯然也不可或缺），也透過話語和自己溝通。

我們腦部內建了脫離當下的傾向，產生我們腦中的對話，我們醒著的時間有很大一部分都投入其中。這讓人不得不提出一個關鍵問題：為什麼？演化會選擇能提供生存優勢的特質。根據這個法則，自言自語應該能讓我們成為更容易生存的「適者」，否則人類應該不會變得這麼愛跟自己講話。但是內在聲音的影響往往極不明顯，以至於我們很少，甚至從不曾察覺它為我們做的一切。

大腦是天賦異稟的多工者

神經科學家討論大腦的運作時，經常援用「神經再利用」（neural reuse）的概念——這是指我們會利用同樣的大腦迴路達成多重目的，從我們可用的有限神經資源獲取最大功能。舉例而言，位在大腦深處，負責建立長期記憶的海馬迴，同時也幫助你在空間中定位與移動。大腦是天賦異稟的多工者，否則腦的體積得和一輛公車一樣大，才足以支援它數不清的功能。同樣地，我們的內在聲音也是產量驚人的多工者。

大腦最重要的工作之一，就是驅動工作記憶（working memory）的引擎。人類會自然地以浪漫、長期、懷舊的方式將記憶概念化，我們將記憶想像成一片過去的領土，充滿難以忘懷的片刻、畫面與感覺，構成了我們生命的故事。但事實是，每一天的每一分鐘，在各種讓人分心的聲音、味道等刺激之中，我們必須隨時記起各種細節才能運作。我們很可能在資訊不再有用之後就遺忘，但這沒關係。在那些資訊活躍的短暫時間內，我們需要靠它來運作。

工作記憶讓我們可以參與工作討論，在晚餐時跟別人聊天。多虧有工作記憶，我們才能記得某人幾秒鐘前說了什麼，再把相關內容融入進行中的討論。工作記憶讓我們能閱讀菜單然後點菜（同時繼續與人交談）。工作記憶讓我們可以針對急事寫一封電子郵件，但這件事情還沒重要到足以被存進長期記憶中。簡而言之，工作記憶讓我們得以在世界上運作。當工作記憶功能失靈，或偏離最佳狀態，我們連從事最普通的生活能力（叫小孩趕快刷牙同時幫他們裝便當，一邊想著當天還要開的會）都會喪失。而工作記憶與我們的內在聲音息息相關。

工作記憶的一個關鍵部分，是專門處理語言資訊的神經系統，稱為語音迴路（phonological loop）。我們可以把它想成大腦的資訊交換所，負責處理當下我們周遭與話語相關的一切事情。語音迴路分為兩部分：一個「內在耳朵」，讓我們將剛剛聽到的話留存數秒；還有一個「內在聲音」，讓我們得以在腦中重複話語，就像我們在練習演講、背電話號碼或重複念咒語時那樣。我們的工作記憶仰賴語音迴路維持語言神經路徑的活躍，讓我們可以在外面的世界運作、有生產力，同時讓我們的內在對話得以持續。我們在嬰兒期就開始發展這個連結心智與外界的語言門戶，建立完成後，它會推動我們發展其他的重要心智能力。事實上，語音迴路的功能遠不止於即時回應狀況。

語言發展是自制力養成的關鍵

我們的語言發展與情緒發展是齊頭並進的。學步時期，大聲對自己講話有助於我們學會自我控制。二十世紀初，蘇聯心理學家維高斯基（Lev Vygotsky）最早開始探索語言發展和自我控制的相關性。他研究的是孩童自言自語，一邊幫自己加油打氣，一邊自我批評的奇特行為。長時間跟小孩相處的人都知道，小孩經常自發性地和自己展開完整對話。這不只是遊戲或想像，而是神經與情緒成長的徵象。

維高斯基與當時其他思想領袖不同，他不認為這種行為是發展不成熟的徵象，反而認為語言在學習自我控制中扮演關鍵角色，這個理論後來也得到佐證。他相信我們對情緒管理的學習，始於我們和主要照顧者之間的關係（一般而言是父母）。權威者給我們指令後，我們會大聲對自己重複指令，往往會模仿他們的話。一開始，我們會有聲的重複。時間久了以後，我們會將他們的話內化成無聲的內在語言。隨著發展更成熟，我們會開始用自己的話控制自己，未來的人生都是如此。大家都知道，這不表示我們總是會照著父母的意思行動，我們的語言流最後會形成自己獨特的輪廓、以創意引導我們的行為，但這些早期發展經驗仍對我們影響重大。

維高斯基的觀點不僅說明了我們如何習得用內在聲音控制自己，也讓我們了解內在對話如何受到教養的影響。數十年的社會化研究指出，環境會影響我們如何觀察世界，包括我們如何看待自我控制。在家庭裡，父母會在我們小時候示範自我控制，他們的方法會滲透到我們正在發展中的內在聲音。父親可能會一再告訴我們絕不要以暴力解決爭端。母親可能會常常告訴我們遭遇挫折不要放棄。時間一久，我們會對自己重複這些話，這些話也開始形塑我們自己的語言流。

當然，父母教小孩的語言本身也被更廣泛的文化所形塑。例如在多數亞洲國家，與眾不同可能不是好特質，因為這會威脅社會凝聚力。相對的，美國等西方國家則格外重視獨立自主，因此家長會鼓勵孩子有自己的追求。同樣的，宗教和其教導的價值觀也會影響家庭。簡而言之，文化會影響我們父母的內在聲音，進而影響我們的內在聲音，如此經過許多世代，共同影響著我們的心智。我們的心智對話就像一層套一層的俄羅斯娃娃。

雖然如此，文化、家長與孩子之間的影響力並不是單向的。小孩的行為也可能影響家長，而人類當然也在形塑與重塑我們的文化。因此，從某個層面而言，我們的內在聲音從孩提時期開始由外而內發展，我們長大後則是由內而外的表達，影響身邊的人。

維高斯基如果還在世，就會看到近期研究把他的理論又更往前推進，有些研究顯示，在溝通模式豐富的家中成長的孩童，會更早發展出內在語言。不僅如此，擁有想像中的朋友可能會刺激孩童發展內在語言。事實上，新研究顯示，假想遊戲可能促進自我控制以及其他許多理想特質的發展，如創意思考、自信與溝通能力。

內在聲音幫助我們自我控制的另一個重要方式，是在我們朝目標努力時進行評估。我們的預設狀態就像手機上的追蹤應用程式一樣，會監測我們在工作上是否做到年底能加薪的成績，或我們開餐廳的夢想是否有進展，或我們跟暗戀對象的關係是否有好的發展。我們腦中經常會突然冒出這樣的思緒，就像是出現在螢幕上的約會提醒。事實上，我們腦中最常出現的就是與目標相關的想法，那是我們的內在聲音在提醒我們要關注某項目標。

要達成目標，有一部分牽涉到我們碰到選擇的岔路時，能做出正確選擇。因此，我們的內在聲音讓我們能在腦中進行沙盤推演。例如，我們在腦力激盪、討論最好的簡報方式，或是思考正在創作的歌曲旋律該如何發展時，我們會在心裡先探索不同的可能路徑。我們通常都還沒開始做簡報，或是連樂器都還沒碰，就已經在發揮內省能力，決定最好的排列組合。思考如何處理人際挑戰時也是如此，正如東尼在紐約漫步時，想著朋友沒有分享要生寶寶的事。他正在模擬自己應該和朋友保持親近或是疏遠他們。這種多重現實的腦力激盪，連在我們睡覺時都會發生，出現在我們的夢裡。

歷史上，心理學家把夢視為心智世界中自成一格的房間，與我們清醒時發生的事情完全不同。眾所皆知，佛洛依德認為夢是通往潛意識的大道，是上鎖的盒子，裡面裝著我們被壓抑的衝動，而心理分析就是打開盒子的鑰匙。他認為，我們在睡覺時卸下防備、符合文明的行為關機時，心裡的惡魔就會跑出來作樂，揭露我們的欲望。

早期神經科學的興起，抹去了心理分析所有黑暗的浪漫元素，取而代之的是對大腦物理運作的實證研究。神經科學指出，夢只是在 REM 快速動眼睡眠中，大腦對腦幹隨機放電的解讀。夢裡充斥性象徵的說法有點瘋狂但很有娛樂性，不過這種說法被掃地出門，被較有科學根據（而且跟性無關的）神經元機制取代。

今日以較先進技術進行的研究顯示，事實上，我們的夢與我們清醒時自發性的語言思考有許多相似處。原來，我們清醒時的心智會與睡覺時的心智對話。所幸，這種現象並不會導致佛洛依德精神分析理論中的伊底帕斯情結。

這會幫助我們。

新出現的證據顯示，夢很可能是有功能的，而且對我們的實際需求高度敏銳。我們可以把夢想成有點古怪的飛行模擬器。夢境能模擬尚未發生的事件，讓我們注意可能成真的情境，甚至是應該小心的威脅，藉此協助我們為未來做好準備。雖然夢對我們的影響還有很多尚待了解，但我們可以說，**夢就是心智裡的故事**。當然，我們清醒時的內在聲音也在訴說最基本的心理故事：我們的自我認同。

語言在我們創造自我時扮演要角。大腦透過自傳式推理（autobiographical reasoning）建構有意義的敘事。換句話說，我們用心智寫下自己生命的故事，而我們就是主角。這個過程能幫助我們成熟，釐清自己的價值觀和渴望，並且讓我們扎根在一個有連續性的自我認同中，能應對改變和逆境。

語言是這個過程必備的元素，因為語言能將日常生活破碎而看似不相連的片段，梳理成連貫的一條線。語言幫助我們把生活「故事化」。心智的語言雕塑出過去，也建立起讓我們進入未來的敘事。我們的內在獨白往返於不同的記憶之間，透過神經編織出由回憶組成的敘事，不斷把過去編織進我們大腦建構的自我認同網。

大腦的多工能力多元又重要，內在聲音也是如此。但要真的了解其價值，我們必須先設想如果語言思考消失了會怎麼樣。雖然聽起來很難相信，但我們不用靠想像的，在某些例子，這種情況真的發生了。

如果內在對話消失？

一九九六年十二月十日，神經解剖學者泰勒（Jill Bolte Taylor）像往常一樣醒來。她三十七歲，在哈佛大學的精神病學研究室任職，研究大腦的組成。她之所以開始繪製大腦皮質層地圖，希望了解細胞間的交互作用與產生的行為，是起源於自己的家族史。她的哥哥患有思覺失調症，她雖然無法逆轉病情，卻因此產生動力，想嘗試解開心智之謎。泰勒已經有些進展——直到有一天她的大腦出狀況了。

那天，泰勒起床，打算在心肺訓練機上做晨間運動，但是她感覺怪怪的。她左眼後方持續抽痛，像是來來去去的冰淇淋頭痛（ice-cream headache）。開始運動後，一切變得很奇怪。訓練機上的她感覺自己的身體慢了下來，知覺也開始限縮。「我突然不知道自己身體的邊界，」她日後回想，「我無法界定我從哪裡開始，在哪裡結束。」

她不僅在實體空間中喪失對身體的感覺，也開始喪失對自我的認知。她感覺到自己的情緒和記憶逐漸飄走，彷彿要離開她了。原本定義她這個人的正常心智覺察，從這一秒到下一秒之間的各種知覺和反應，紛紛淡去。她感到自己的思緒開始失去形狀，隨之消失的還有她的**話語**。她的語言流慢下來了，彷彿一條逐漸乾涸的河流。她大腦的語言機器故障了。

泰勒的左腦有一條血管破裂。她中風了。

雖然身體動作和語言功能都嚴重受損，她仍設法打電話給同事，對方很快察覺到不對勁。不久後，泰勒已經身在救護車後車廂，被送往麻省綜合醫院。「我感覺到自己的精神投降了，」她說。「我不再是自己生命的主導者。」她認定自己離死亡不遠，在心裡告別了人生。

她沒有死。那天下午她在醫院病床上醒來，驚訝自己還活著，但之後很長一段時間，她的生活都不復從前。她熟悉的內在聲音已經遠離。「我的語言思考變得很不一致而零碎，而且會被間歇的沉默打斷，」她後來回憶。「我孤單一人。在那一刻，我完完全全地孤單，只有心臟跳動時規律的脈動。」她甚至不是孤單的陷入思緒中，因為她連那些思緒都沒有了。

她的工作記憶罷工了，使她連最簡單的事情都無法完成。她的語音迴路被打散，她的自我對話靜默了。她不再是能造訪過去、想像未來的心智時空旅人。她感覺到以前無法想像的脆弱，彷彿她在外太空獨自漂蕩。她不知道文字是否還會完整的回到她心智生活裡。少了語言的內省，她不再是從前所認定意義上的人類了。

「沒有了語言和線性處理，」她寫道，「我覺得和自己過去的人生斷開了。」

泰勒最深刻的失落，是失去了自我認同。她的內在聲音讓她在近四十年間得以建構起來的敘事，完全被抹滅了。用她的話來說，她之所以為**她**，是因爲有「腦內那些微小的聲音」，但現在那些聲音沉默了。「這樣一來，我還是我嗎？我不再與泰勒博士共享生命經驗、思想和情感依戀，這樣我怎麼會還是她呢？」

當我試想自己若經歷一樣的事情會如何，心中頓時充滿恐慌。不再能夠和自己說話、用語言探索直覺、將自己的經驗編織成連貫的整體，也不再能計畫未來，聽起來遠比收到精神錯亂的騷擾者來信還要糟糕。然而，她的故事正是在這裡變得更奇特，甚至更引人入勝。

泰勒並沒有感覺到我想像中自己或其他人會感到的害怕。陪伴她一輩子的內在對話消失後，她出奇地感覺到安慰。「我受創的大腦中愈來愈大的空洞，實在很誘人，」她後來描寫，「我樂於接受沉默，從喋喋不休的聲音中獲得解脫。」如她所說，她進入了「夢幻之地」（la-la-land）。

從一方面而言，喪失語言和記憶讓人既恐懼又孤單，另一方面又讓人感到狂喜的自由。她擺脫了過去的身分，也擺脫了所有一再重複的痛苦回憶、眼前的壓力和未來的焦慮。少了內在聲音，她也從小對話中解脫了。對她而言，這樣的代價很值得。她後來回想，這是因為在中風以前，她還沒學會管理她忙碌擾嚷的內在世界。泰勒就跟我們所有人一樣，在陷入負面循環時難以控制情緒。

中風兩週半之後，泰勒接受手術，移除腦中高爾夫球大小的血塊。八年後她才完全復原。至今她仍持續研究大腦，同時與世人分享她的故事。她強調，自己內在的批判者沉默期間，她感覺到無比慷慨與幸福。用她自己的話說，她現在「衷心相信，關注自己的自我對話對心智健康至關重要。」

她的經驗鮮明的指出我們與自己內在聲音的搏鬥有多深刻，以至於當這個讓我們得以運作、思考和做自己的語言流消失時，竟然會帶來滿滿的幸福感。這個驚人的證據顯示了我們內在聲音的影響力。相對不這麼特殊的研究也證實了這個現象，我們的思緒不僅會影響經驗，甚至有能力將幾乎所有其他事情抹除。

二〇一〇年發表的一項研究清楚顯示這一點。科學家發現，內在經驗一貫地壓倒外在經驗。參與者在想什麼，比起他們實際上在做什麼，更能預測他們的快樂程度。這印證了許多人有過的苦澀經驗：你處在應該感到快樂的情境中（和朋友相聚，或慶祝一項成就），但是你反覆想的一個念頭卻在吞噬你的內心。**你的心情不是由你的行為決定，而是你的想法**。

人會在內在聲音沉默時覺得鬆了一口氣，並不代表自言自語是演化帶來的詛咒。如前文所見，我們腦中的聲音是一個獨特的禮物，從我們走在紐約街頭到睡夢中都伴隨我們。它讓我們在世界上運作，達成目標，發揮創造力，建立連結，並以許多巧妙的方式定義了我們是誰。但是當它變形為小對話時，往往讓人無法承受，導致我們看不到它的好處，甚至可能希望它徹底消失。

科學告訴我們如何控制自己心智的語言流，但是在我針對這點說明以前，我們必須先了解小對話的有害影響。在了解破壞性的語言思考可能對我們身心和人際關係造成的影響之後，你會發現在紐約街頭流幾滴眼淚，實在不算什麼。

2

小對話的黑暗面

當心裡的魔鬼搶走話語權，
不只會打擊情緒、癱瘓專業技能，甚至還會影響健康第一記暴投似乎只是一次失常。

二〇〇〇年十月三日，聖路易紅雀隊與亞特蘭大勇士隊在國家聯盟季後賽第一輪第一場球賽。紅雀隊投手安凱爾（Rick Ankiel）看著自己剛投出的球在地上彈跳，越過捕手，撞到擋板。一壘上的跑者奔至二壘時，觀眾發出一陣微弱、表達支持的驚呼聲——畢竟他是在聖路易主場布希球場（Busch Stadium）投球。不過他們沒理由覺得這記暴投會對這局情勢有任何影響。在棒球的世界，最好的投手也會偶爾控球失靈，更何況安凱爾可不是一般的投手。

安凱爾高中畢業，十七歲就被選入球隊，快速球時速達一五一公里。球探與球評都認為他有潛力成為棒球界數十年來最好的投手。兩年後他在大聯盟首次登板也沒讓人失望。第一次打了完整球季的二〇〇〇年，他三振一九四名打者，累積十一次勝投，協助球隊打進季後賽。一切都顯示他將擁有輝煌的職業生涯。因此，那年十月他被選為對勇士第一場季後賽的先發投手時，沒人覺得意外。他要做的就是他這輩子最擅長的事情：投球。

安凱爾試著忘掉那記暴投。只是一次失常，沒什麼好擔心的。才第三局，紅雀隊已經取得六比零大幅領先。此外，那顆球也不算太嚴重的暴投，只是從地面彈跳上來的方向不對，捕手沒接到。這局剛開始時他感覺很好，他決定不要太在意那顆球。然而他站在投手丘上準備投出下一顆球時，一個想法卻如芒刺般牢牢卡在他腦海中。*天啊，他對自己說，我剛在全國轉播的電視上投了一記暴投。*他還沒有意識到，他確實應該擔心。

過了片刻，看到捕手的暗號後，安凱爾以爆發力十足的左手揮臂……投出又一記暴投。

這一次，觀眾的驚呼聲更大、更長了，彷彿感覺到有些不對勁。二壘跑者奔至三壘。二十一歲、深色眼睛的安凱爾嚼著口香糖，臉上看不出情緒，但他內心一點也不鎮定。隨著捕手再次把球撿回來，時間在午後的陽光下一秒一秒流逝，他感覺到自己的心智不再受控，落入他後來稱為的「那個怪物」手中。怪物是他內心的殘酷批評者，是極為惡毒的思緒，足以瓦解多年的辛苦努力，聲音比觀眾席上五萬二千名球迷的聲音還大。

焦慮。恐慌。害怕。

他無法再忽略自己的脆弱處境——他還是個年輕球員，可能失去一切。

安凱爾也許看起來就像美國夢閃耀的化身：來自佛羅里達的小鎮男孩，發揮出色的天賦，但他的童年並不符合這個美好敘事。父親在言語和身體上都會施暴，不僅是輕罪慣犯，還染有毒癮，讓安凱爾小時候就感到超齡的情緒痛苦。因此棒球對他而言不只是職業，而是一個神聖的避難所，讓他感覺變好，在那個世界事情很單純，有一種自然的喜悅，與他的家庭生活截然不同。現在卻發生了他似乎無法控制的怪事，他的意識被淹沒，他充滿恐懼。

儘管如此，他還是決心振作。他把注意力集中在他的身體重量、姿勢和手臂上。他只需要讓自己正常揮臂投球就好。然後他做出準備動作。

又丟出一記暴投。

再一記。

又一記。

紅雀隊再度失分以前，安凱爾就被換下場。他躲進休息區，體內的「怪物」依然緊跟在後。

那天他在投手丘上的表現令人難堪也出乎意料。上一次有投手在一局內連丟五顆暴投，已經是超過一百年前的事。但是，要不是因為不久後發生的事，這不會成為棒球史上最令人不忍卒睹的一次出賽。

九天後，安凱爾在與大都會對戰時上場，舊事重演。怪物再度現身，他丟出更多暴投，再次被換下投手丘，這次連第一局都還沒結束。然而羞辱並沒有到此為止，雖然他短暫的大聯盟投手生涯實際上已告終結。

下一季剛開打時，安凱爾投了幾場比賽，但是他上場前必須靠喝酒才能讓自己鎮定，而且就連酒精也沒辦法讓他的心安定下來。他的投球並未改善。他被下放到小聯盟，在那裡待了令人挫折的三年，最後在二〇〇五年決定退役，悲劇性的在二十五歲就告別了投手生涯。

「我沒辦法繼續下去了。」他告訴教練。

安凱爾從此再也沒有以職業球員身分投球。

小對話會切斷努力練成的自動化技能

安凱爾不是第一個失去超人力量的菁英運動員——突然間，他最擅長的技能完全失靈。這種事屢見不鮮，許多人花了多年時間純熟掌握一項才能，卻在小對話綁架大腦之後，眼看自己的才能像一輛老雪佛蘭汽車一樣拋錨。這個現象不限於運動員，可能發生在任何精於某項習得技能的人身上——不管是熟記教案的老師、熟悉投資人話術的新創公司創辦人，還是執行花很多年才掌握的複雜手術的外科醫生。這些技能之所以會失靈，與我們的內在對話如何影響我們的**注意力有關**。

我們無時無刻都被資訊轟炸——數不清的畫面與聲音，以及這些刺激所觸發的思緒與感受。注意力讓我們得以過濾掉不重要的事物，專注在重要的事情上。雖然我們的注意力大多是不自主的，例如我們聽到巨大聲響會自動轉向聲音來源，但人類獨一無二的一個特徵，就是我們能有意識的專注在需要我們注意的任務上。

當我們像二〇〇〇年那個秋日的安凱爾一樣被情緒淹沒時，我們內在聲音會控制我們的注意力，把注意力聚焦到我們面對的阻礙，排除幾乎所有其他事情。多數時候這對我們很有幫助，但是當我們要動用注意力去控制一個已經自動化的習得技能，例如安凱爾投球，就不是這樣了。要了解為何如此，我們可以先看，在最理想的狀態下，運動員如何靠自動化的行為將表現提升到無與倫比的高度。

二〇一九年八月十一日，美國體操選手拜爾斯（Simone Biles）改寫了運動史，在美國體操錦標賽地板項目，成為史上首位在正式競賽中完成後空翻兩周加轉體三次（triple-double flip）的女性。正如評論者所寫，「這個動作需要不可思議、幾乎超人的力量、協調性與訓練。」要靠刻意思考每個步驟來執行這個動作是不可能的，因為一切都發生在空中，物理法則在幾秒內就上演完畢——重力對上人體。

拜爾斯完成的看似不可能的動作，需要她的身體同時繞著兩條軸線旋轉，在完成兩次後空翻的同時轉體三次，因而有「三二」（triple double）之名。我們可以把她完美執行這個動作，想成她的大腦歷多年而掌握的自動化動作之大成：奔跑、跳躍、前手翻、後空翻、轉體和落地。為了完成這次「三二」，她連結到經歷多年才學會、但逐漸不再需要大腦有意識控制的一套驚人動作。拜爾斯的內在聲音並未指揮她的每一個動作，不過很可能在觀眾瘋狂喝采時感到開心。

和所有運動員一樣，拜爾斯透過練習把一連串個別動作連接起來，建構了她的「三二」。逐漸地，動作鏈中的各元素融合為無縫相接的單一動作。她的各個自動化身體機制由大腦串連起來（再加上超強DNA），推動她揚名運動界。直到崩潰以前，安凱爾似乎也處於相似的軌道上，擁有完美無暇的動作和如有神助的強壯手臂。但是，那天在投手丘上到底發生了什麼事？

他的技能自動化連結被切斷了（unlinked）。

安凱爾腦中的語言流變成一道聚光燈，把他的注意力過度集中在投球動作的個別物理組成單位上，在無意間把連貫動作拆解了。投了前面幾記暴投後，他在腦中後退一步，專注在投球的力學上：那一整套牽涉到髖部、大腿與手臂的動作。表面上這似乎很明智，也符合直覺。他在呼叫大腦修復以前成功執行過數萬次的既定行為。然而這正是一切開始出錯的地方。

報稅時，重複檢查計算結果、確保數字都正確，這個行為是有好處的，即使你是資深的會計師也一樣。但是，要在壓力下執行投球這類經過千錘百鍊後已經自動化的行為，同樣的傾向就會導致我們開始解構原本已經不用想就能執行的複雜劇本。碰到問題時，我們的內在聲音會啟動這樣的機制，讓我們的注意力過度集中在一個行為的個別部分上，然而這個行動要成功，必須仰賴**所有部分的總和**。結果是：分析導致癱瘓。

小對話毀了安凱爾的投手生涯，然而內在對話背叛我們時，自動化行為並不是唯一遭殃的能力。人類與其他物種的一大不同，就是我們不僅能執行自動化行為，還能利用心智有意識的集中注意力。

小對話也會占用大腦其他重要功能的資源

邏輯推理、解決問題、多工和自制力，讓我們得以用智慧、創意和智力管理工作、家庭和生活的許多重要部分。要做到這些，我們必須深度思考、保持注意力並維持彈性，這要感謝被稱為大腦CEO的「執行功能」（executive functions）。內在對話開始扯後腿時，大腦執行功能也容易受到損害。

大腦執行功能是我們能隨心所欲導引思緒和行為的根基，主要由位於我們額頭與太陽穴後方的前額葉腦區網絡所支援，當本能不足以應付，需要有意識的引導行為時，執行功能就會介入。這些功能讓相關資訊在我們腦中保持活躍（工作記憶也是執行功能的一部分），篩除多餘資訊，阻擋會造成分心的事物，試探各種想法，將注意力導向該去的地方，並運用自制力——例如幫助我們抗拒打開新分頁的誘惑，以免落入離題愈來愈遠的維基百科兔子洞。簡而言之，少了大腦執行功能，我們將無法在世界上運作。

大腦需要這類神經領導的原因，是因為保持注意力、有智慧地推論、創意思考和執行工作往往都需要我們脫離自動模式，進行有意識的努力。這對執行功能是很高的要求，因為它們的負載有限。就像電腦運作太多程式時會慢下來，你的執行功能也會隨著要求增加而表現趨劣。

關於這種有限負載最經典的例子稱為神奇數字 4，這與我們腦中任何時刻可以留存三到五個資訊單位的能力有關。以一組美國電話號碼為例，要記憶 200-350-2765，遠比要記 2003502765 簡單。前者的數字經過分組，所以你要背的是三個資訊；反觀後面的數字，我們要背的是連續不斷的十個資訊，對執行系統的要求更高。

勞力密集的執行功能需要愈多神經元愈好，但小對話會占據我們的神經負載。語言的**反芻思考**（**rumination**）會把我們的注意力窄化集中到造成我們情緒困擾的源頭，偷走可以對我們更有用處的神經元。實際上，我們同時在處理「雙重工作」——做我們想做的事情，**外加**聆聽我們痛苦的內在對話，所以執行功能的負載量被占滿了。從神經角度而言，小對話就是這樣分割並模糊了我們的注意力。

我們都熟悉負面語言流造成的分心。你是否曾在與親愛的人大吵之後，試著讀一本書或完成需要專注的工作？簡直不可能。吵架帶來的所有負面思緒消耗了你的大腦執行功能，因為你的內在批評者和它的怒罵已經占領公司總部，掠奪了你的神經資源。然而多數人碰到的問題是，我們一般從事的活動，重要性與影響力都遠超過記得一本書中的資訊。我們可能在工作，追求夢想，與他人互動，或是正在接受評核。

小對話以反覆焦慮思緒的形式出現時，是對專注工作最強的破壞者。無數研究都顯示它會導致失能。讓學生考試失常，使藝術表演者怯場並掉入**災難化思考**（**catastrophize**），同時削弱商場上的談判。舉例而言，一項研究發現，焦慮會導致人最初開價偏低、提早退出討論、薪酬也較少。這是委婉的說法，真正的意思就是導致工作表現不佳——而原因正是小對話。

我們內在對話的平衡隨時都可能被各種事情打亂。這時候我們很難專心處理每天面對的挑戰，往往又讓內在對話更加紛亂。陷入這樣的掙扎時，我們很自然會想辦法脫離困境。該怎麼做呢？

三十多年前，一名中年、脾氣溫和的心理學家就為這個問題而著迷。他的研究告訴我們，小對話會造成的不良影響，遠不只是妨礙我們集中注意力。內在對話還會影響我們的社交生活。

自我對話與社交疏離

一九八〇年代晚期，戴眼鏡的比利時心理學家里梅（Bernard Rimé）想探討一個問題：人在經歷小對話常引發的強烈負面情緒時，會不會投入一個非常典型的社會行為：跟別人說。

在幾項研究中，里梅邀參與者來到實驗室，詢問他們是否會與他人談論過去的負面經驗。接著他將關注焦點轉向當下，請參與者寫日記，在數週期間記錄每一次碰到不愉快的情況，以及是否有和自己社交網絡的成員討論。他也在實驗室中刻意刺激參與者，再觀察他們是否會與周圍的人分享自己的反應。

里梅一次又一次獲得同樣發現：人類有很強烈地欲望想與他人談論自己的負面經驗。不僅如此，情緒愈強烈，他們就愈想談論，而且會更常回頭討論，在幾小時、幾天、幾週、幾個月的期間反覆如此，有時甚至一生都在講。

里梅的發現，這個傾向在不同年齡或教育程度的人身上都有，男人與女人都有，甚至也跨越地區與文化。從亞洲到美洲到歐洲，他持續獲得同樣發現：強烈情緒就像噴射推進器，會驅使人分享自己的經驗。這似乎是人性法則。唯一例外的情況是當人們感到羞恥時會傾向隱藏，或是受到某些創傷時會不想沉溺其中。

研究結果的一致性高得驚人，雖然聽起來好像只是證實了一件顯而易見之事。大家都知道，人們經常談論強烈情緒。我們不會沒事打給朋友說，「嗨，我今天感覺很正常。」高點與低潮才會從腦中的語言流變成我們說出來的話語。

雖然這聽起來正常無害，但是重複與他人分享我們的小對話，會造成很諷刺的現象：我們分享腦中的想法給好心的聆聽者，尋求他們的支持，但如果做過頭，反而會讓我們最需要的人遠離我們。小對話的痛苦彷彿會讓人對正常的社交線索變得較不敏感，不知道適可而止。這不表示與他人談論問題是不好的，只是凸顯了小對話會把本來有助益的事情變得負面。

我們對於能聽多少負面發洩的言語都有上限，即使對象是自己親愛的人也是如此，而我們能多常在覺得自己未被聆聽的情形下忍受別人的情緒發洩，也是有限度的。人與人的關係仰賴互相才能健康茁壯。這也是為什麼心理治療師花時間在我們身上要收費，而朋友不用。當對話的平衡向一邊傾斜時，社交連結就會開始磨損。

更糟的是，因為過度宣洩而無意間被別人疏遠的人，偏偏時常較欠缺解決問題能力，使他們更難修復人際關係的裂痕，產生惡性循環，最終導致寂寞與孤立。

這種漸進的社交孤立過程，一個很清晰的例子就是中學生普遍可見的情緒波動。一項研究以七個月時間追蹤了超過一千名中學生，發現相較於很少反芻思考的學生，習慣反芻思考的學生更常與同儕談話。然而這種傾向帶來的壞處比好處大，並且預告了後續痛苦的結果：受到社交排擠與拒絕，成為同儕八卦與謠言的目標，甚至遭受暴力威脅。

很不幸，在這個例子中，前青春期與青春期的傾向會延續到成年。不僅如此，事實證明，即使你有正當理由發洩情緒，過度分享你的小對話還是會讓人疏遠你。有項研究觀察哀悼中的成人，發現容易反芻思考的人在失去摯愛後更常尋求社會支持，這很正常。然而令人不安的是，根據他們的經驗回饋，結果他們反而在人際關係中經歷的社會摩擦更多，情感支持更少。

由小對話所引發、會遭到社會排斥的行為，並不只有失控的情緒分享。會翻來覆去回想衝突的人，也比較可能出現具攻擊性的行為。在一項實驗中，實驗者會直接地批評受試者寫的文章，受試者在經過提示後反覆回想受辱的感覺，導致他們對冒犯者懷有更深的敵意。當有機會對這位實驗者播放刺耳的噪音時，他們比沒有反芻思考的人更常選擇這樣做。換句話說，我因為別人對我做的事而一直生悶氣，負面感受就會持續存在，導致我更可能對別人有攻擊性的行為。小對話也會導致我們把攻擊行為轉移到無辜者身上。舉例而言，我們對主管生氣，卻發洩在孩子身上。

社群媒體成爲負面內在對話的聚集地

不過，前述這些研究中都沒有觸及我們的數位生活。線上分享的時代讓里梅針對情緒和社會生活的研究，又多了新的急迫感。臉書與其他類似的社群媒體應用程式，提供了改變世界的平台，讓我們分享內在聲音，也聆聽其他人的內在聲音（或至少是他們要我們以為的事情）。沒錯，登入臉書後最先看到的就是一個提示，要人大聲昭告這個問題的答案：「你在想些什麼？」

我們也照辦，大聲分享。

二〇二〇年，臉書與推特用戶已逼近二十五億人，幾乎占全球三分之一人口，而使用者經常在平台上分享他們的私密想法。值得一提的是，在社群媒體上分享想法本身沒有什麼不好。在人類漫長的歷史上，這只是一個我們花很多時間投入的新環境，而環境本身無分好壞。環境對我們有益或有害，端看我們如何與之互動。話雖如此，有鑒於我們公開分享思緒的強烈動機，社群媒體有兩個特徵讓人憂心：**同理心和時間**。

個人和集體的同理心都無比重要。同理心讓我們得以和他人建立有意義的連結，它是我們經常對人傾訴的一個原因（我們尋求他人的同理），也是凝聚社群的一種機制。人類演化出同理心，是因為它有助於物種的存續。

研究顯示，觀察他人的情緒反應是觸發同理心的強大途徑，例如看到別人臉部因痛苦而扭曲或聽到聲音裡的顫抖。但是在網路的世界，日常生活中會引發同理心的細微動作、表情和聲調變化都消失了，導致我們的大腦無法獲得資訊，完成關鍵的社會功能：抑制殘酷和反社會行為。簡言之，同理心變得薄弱，導致酸民引戰和網路霸凌，產生嚴重後果。網路霸凌就被證實與長期憂鬱、焦慮和物質濫用以及許多有害的生理影響相關，如頭痛、睡眠障礙、腸胃不適，以及壓力反應系統。

同樣地，時間的流逝對我們管理情感生活也不可或缺，尤其在處理令人不快的經驗時。在線下的世界，我們想跟某人談話，往往必須等到見到那個人，或是對方可以講話的時候。等待的同時，神奇的事情就會發生：隨著時間過去，我們得以反思自己的感受和想法，往往會緩和我們的情緒。研究結果真的支持「時間會療癒」或「事緩則圓」的想法與建議。

現在，讓我們進入數位生活的平行世界，拜智慧裝置所賜，我們隨時可以進入這個世界。我們在社群媒體上經歷負面情緒之後，沒有時間讓我們有機會重新思考感受或計畫下一步，馬上就能立刻與他人互動。在二十一世紀的連線速度之下，我們心裡火冒三丈時、內在聲音想跑到屋頂上大聲怒罵時，真的都可以馬上發洩。

於是我們貼文。我們發推特。我們留言。

隨著時間推移，加上少了能激發同理心的身體語言，社群媒體成為內在聲音的黑暗面大行其道之地。這可能導致更多衝突、敵意和小對話，不僅對個人如此，對社會亦然。這也表示我們比以往更容易過度分享。

就像太頻繁地與他人談論太多自己的問題，過於情緒化的貼文也會激怒並疏遠他人。這類貼文違反了社群媒體的潛規則，使用者希望在線上過度分享的人能在線下尋求朋友的支持。不意外的是，憂鬱症患者在語言流的助長下，容易傾向在社群媒體上分享較多的負面個人內容，但實際上這些人從人際網絡感受到的幫助，卻比非憂鬱症患者感覺到的少。

然而，社群媒體不只提供了讓我們（過度）分享感受與思緒的平台，它擾亂內在對話的原因也不只關於同理心和時間。社群媒體讓我們能塑造自己希望別人看到的生活，而我們選擇發什麼樣的文，也會餵養其他人的小對話。

自我呈現是強大的人類需求。我們隨時在形塑自己的外貌，影響他人對我們的感受。人類一直都是這樣，但後來社群媒體出現，我們對如何呈現自我的掌控也隨之大幅增加。我們能巧妙的挑選安排自己的生活呈現，也就是經過修圖的生活，排除所有的低潮與不上相的時刻。參與這種自我呈現能讓我們感覺良好，滿足在他人眼中擁有正面形象的需求，並提振我們的內在聲音。

但問題就在這裡。雖然上傳美照可能讓我們感覺良好，但同樣的行為可能讓看了你貼文的人感覺更糟。這是因為我們想正面呈現自己的同時，也想拿自己與他人比較。而社群媒體會讓我們腦內的社會比較硬體過度運轉。舉例而言，我和同事在二〇一五年發表的一項研究顯示，花愈多時間滑臉書窺視他人的生活，愈容易產生羨慕忌妒的感覺，因此心情更差。

如果在社群媒體把自己的感受昭告天下，參與經營自我形象（self-curation）的文化，會產生這麼多激發小對話的效應，我們就有理由問：我們為什麼會持續分享？其中一個答案與代價有關，我們往往會選擇投入當下感覺良好，但有負面長期後果的行為。研究顯示，我們受某人吸引或攝取誘人的物質時（從古柯鹼到巧克力都算）會變活躍的大腦迴路，在與他人分享自己的訊息時也會活化。哈佛大學神經科學家二〇一二年發表的研究證明了這一點，研究顯示，比起收到現金，人們寧願與他人分享自己的資訊。換句話說，社會互動的快感就像神經元的快感，讓我們的多巴胺受器獲得甜美的刺激。

重點是，不論在線上或線下，當我們任由小對話驅動社會行為時，往往會導致各種負面結果。內在與外在對話最傷人的一種結果是，最後我們得到的支持往往更少。這會開啟社會孤立的惡性循環，進一步傷害我們。事實上，如果你仔細聽，會發現許多人會用描述生理痛苦的語言，來描述被他人排斥時的感受。

全球說各種語言的人，不論是伊努克提圖特語（Inuktitut）、德語、希伯來語、匈牙利語、粵語或不丹語，都會以和身體損傷相關的詞彙形容情感痛苦——「損害」（damaged）、「傷口」（wound）、「受傷」（injured）和其他許多字眼。他們會這樣做，不只是因為他們特別會使用隱喻。我職涯中最讓我不寒而慄的一個發現，就是小對話不僅會在情感層面上造成傷害，對我們的身體也有實質影響，從我們感受到的生理痛苦，一直到在細胞中運作的基因。

細胞內的鋼琴

心碎的紐約客逐一抵達我們在地下室的實驗室。

二〇〇七年，我和同事展開一項研究，想深入了解情緒痛苦在大腦中的真實樣貌。我們不是任意找志願者，因為這樣我們就必須找到有效又符合實驗倫理的方式，讓這些人在實驗室中感到難受。我們找的是四十名已經處於痛苦中的志願者：剛經歷過心碎的人，這是我們已知最強大的一種情緒痛苦。我們在地鐵和公園裡張貼廣告，徵求剛在歷時至少六個月的單一伴侶關係中被拒絕的人：

你剛經歷艱難、非自願的分手嗎？
對前任伴侶仍有感情嗎？
來參加大腦如何處理情感與生理痛苦的實驗吧！

在八百萬人口的城市，找到心碎的志願者很容易。

不過我們還是做了一件會刺激受試者的事情。我們請志願者帶一張前任的照片來參加實驗。這不是故意在傷口上灑鹽，我們請志願者躺在磁振造影掃描儀裡，看著失戀對象的照片，回想分手那一刻的感受，希望捕捉到小對話的神經活動快照。但我們也想知道，大腦處理情感痛苦經驗的方式，是否與處理生理痛苦相似。為了製造生理痛苦，我們也對受試者的手臂施加感覺起來像是一杯熱咖啡的溫度。

事後，我們將志願者看著失戀對象照片時的磁振造影結果，以及模擬被咖啡燙到時的磁振造影結果相比對。不可思議的是，兩個影像在感知生理痛苦相關的腦區高度重疊。換句話說，研究結果顯示，情感痛苦也包含生理成分。

這些發現以及大約同時來自其他實驗室的發現開始顯示，社會痛苦這個原本很模糊的概念，究竟如何影響我們的身體，尤其是處於壓力下的時候。

壓力會殺人已是二十一世紀的陳腔濫調。這個現代流行病每年光在美國就造成相當於五千億美元的生產力損失。然而我們往往忽略了壓力其實是一種適應反應，它幫助我們的身體對潛在威脅做出快速有效率的反應。但是壓力變成慢性時，也就是我們的戰或逃（fight-or-flight）警告無法停止發出信號，壓力就不再是適應性質。不出所料，讓壓力反應維持活躍的罪魁禍首之一，就是負面語言流。

威脅當然包括實質危險，但是也涵蓋各種更常見的經驗。例如遇到我們不確定自己能處理的情況：失去工作或開始新工作，與朋友或家人起衝突，搬到新城市，發現健康問題，哀悼親近之人的死去，離婚，住在治安不佳的社區。這些都是足以觸發威脅反應的情境，與我們面臨立即危險時的反應相似。我們腦中的威脅警報被觸動時，身體會迅速動員起來保護我們，很像一支軍隊，準備對入侵的敵人發動全面攻擊。

第一階段馬上在稱為下視丘的錐狀腦區展開。下視丘收到大腦其他區傳來威脅信號時，會觸發連鎖化學反應，釋放腎上腺素到血液中。腎上腺素會導致心跳加速，血壓與能量升高，感官變得更敏銳。不久之後，壓力激素皮質醇被釋放出來，讓你的噴射引擎持續燃燒，維持能量強度。這一切發生的同時，化學信差也在努力工作，抑制體內對回應立即威脅非必要的系統，例如消化與生殖系統。如果你曾注意到自己身陷危機時會失去胃口或性慾，原因就是這些化學信差。這些改變只有一個目標：提升你快速回應壓力源的能力，不論你是在當下實際面對壓力源（例如看到竊賊進入家中）或只是在腦中幻想這些壓力。

沒錯，我們光憑想像就能製造慢性的生理壓力反應。當內在對話助長這個壓力時，就可能重創我們的健康。

已有無數研究顯示壓力反應系統長期活躍與各種疾病的關聯，從心血管疾病、睡眠障礙到癌症。這說明了壓力經驗，如長期感覺孤立與寂寞，為什麼會對健康產生重大影響。事實上，缺乏穩固的社會支持網絡，與每天抽超過十五根香菸的死亡風險是一樣的，更是比過量飲酒、不運動、肥胖或生活在高度汙染城市更大的風險因子。

長期負面思緒也可能演變成心理疾病，但這並不表示小對話就等於臨床憂鬱症、焦慮或創傷後壓力疾患。重複性負面思考並不是這些疾患的同義詞，而是它們的常見特徵。科學家視之為許多疾患的**跨診斷風險因子**，這表示小對話是多種心理疾病的深層原因。

不過，小對話造成的壓力蔓延最可怕的影響是，當我們的恐慌反應持續太久，對生理上的傷害不只會損及我們對抗疾病、維持身體順暢運作的能力，還有可能改變DNA對我們健康的影響。

我在讀大學時學到一個簡單的公式：基因＋環境＝我們是誰。教授告訴我們，在探討形塑人類生命的因素時，基因和環境的效果各自獨立。環境在一格裡，遺傳在另一格裡。這是長期以來的傳統想法——直到突然間被翻轉。讓許多科學家意外的是，新研究顯示這個公式離真相太遠。擁有某種基因不代表它會實際影響你。決定我們是誰的，是那些基因是否有被打開或關閉。

你可以想像DNA是深埋在細胞裡的一架鋼琴。琴鍵就是你的基因，能以各種方式被彈奏。有些琴鍵永遠不會被按下，其他的琴鍵會以穩定的組合經常被按下。琴鍵如何被彈奏，就是讓我和你不同，你也與世上其他人都不同的部分原因，這就是基因表現。細胞內的基因演奏，會形塑你身體和心智運作。

事實證明，我們的內在對話很喜歡彈奏我們的基因琴鍵。我們和自己說話的方式，可能影響哪些琴鍵被彈奏。加州大學洛杉磯分校教授柯爾（Steve Cole）致力於研究遺傳和環境在我們細胞中的碰撞。他和同事經過多項研究後發現，受小對話滋養的慢性威脅，會影響我們的基因表現。

柯爾與其他人發現，在經歷慢性威脅的人之中，不論這種感受是源自孤單感，還是因為貧窮或診斷出疾病所產生的壓力，都有一組相似的發炎基因表現較為強烈。這是因為在經歷慢性的心理威脅時，我們的細胞會解讀為一種實際的危險情境，彷彿身體受到實質攻擊。若我們的內在對話經常啟動威脅反應系統，長期下來，傳送到細胞的訊息就會誘發發炎基因表現，而發炎基因能提供我們短期保護，長期下來卻可能導致傷害。同時，負責我們日常功能的細胞，例如抵擋病毒性病原體的細胞，則受到抑制，為疾病與感染開了大門。柯爾稱小對話造成的這種效應為「分子層面的死亡」。

資產還是負債？

得知小對話對我們心智、人際關係和身體造成的後果，或許會讓人很不安。身為每天從事相關研究的科學家，我時常想到這些研究之於自已和我所愛之人的影響。看到女兒為了某件事而煩惱，說我不會擔心是騙人的。

然而，當我環顧身邊，也看到了充滿希望的例子。我看到學生從淹沒在自我懷疑中的不安新鮮人，轉變為自信的大四生，準備好對世界貢獻所學。我看到面對艱難困境的人設法與人建立連結，從社會網絡尋得支持。我也看到生活在慢性壓力中的人，後來找到健全的生活。我祖母朵拉年輕時生活在波蘭，為了逃離納粹而躲到森林裡，整整一年都在恐懼中度過，然而她依然堅強、樂觀的在美國又度過七十個年頭。

這些重要的反例把我們帶回人類心智的大謎題：我們的內在聲音可以是負擔，也是資產。在我們腦中流動的話語可以擊潰我們，也可以驅動我們達成有意義的成就，只要我們知道如何控制這些話語。人類演化出的內在對話，可能讓我們被小對話淹沒，卻也演化出可以將內在對話轉變超強能力的工具。只要看看安凱爾就知道了，他在二〇〇七年重返大聯盟——不是擔任投手，而是擔任外野手，而且依然必須面臨在數萬球迷前出賽的壓力。

安凱爾在大聯盟又打了七年，以他在外野時的火箭手臂和在本壘板時爆發力十足的揮棒著稱。這位失去職業生涯的投手寫道，「時機不能再更壞，我花了近五年時間、以接近執迷的決心與這個情況對抗，才成為可以打出超遠全壘打的打者和再度擁有金手臂的外野手。這一切是那麼美好又奇異。」

更奇異而更美好的是，二〇一八年，安凱爾在退休四年之後，在前職業球員的一場表演賽中站上投手板，這是與勇士隊那一役近二十年來首次公開投球。

他面對打者，將他三振出局。

要開始了解控制我們內在對話的祕密技巧，我們只需看看我教過最傑出的學生之一。來自西費城的間諜。

3

不被負面情緒綁架

想像自己是牆上的蒼蠅，學會與問題保持安全距離，
善用抽離創造優勢

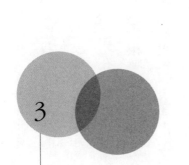

「你殺過人嗎？」施測者問。

如果她在其他地方，面對的是其他人，如果不是這個荒謬卻顯然很關鍵的問題攸關她的未來，她一定會大翻白眼。

「跟我上次告訴你的一樣，」崔西說，「沒有，我沒殺過人。」

我當然沒有，她心想。我才十七歲！我才不是殺手。

這是她在美國機密情報組織國家安全局第二次接受測謊。崔西的身體，也就是她的心率和呼吸，在第一次被問到這題時出賣了她，線條雜亂的圖譜顯示她在說謊。兩個月後的現在，她又坐在馬里蘭州同一間平凡的辦公室，接受第二次測謊。

萬一這次他們還是不相信我呢？她暗想，測試者面無表情地看著她時，她的內在聲音不斷做出焦慮的評論。她知道答案：如果這些人不相信她，她的夢想將會消失。

從有記憶以來，崔西就知道自己想要不一樣的生活。上課和學習對她向來容易，即使很多其他事情不是這樣。她在西費城一個治安不好的社區長大，雖然家裡不窮，但金錢還是限制了她的未來。

高一那年，崔西得知東北地區的某寄宿學校有一個課程，讓全美天資優異的學生在高中最後兩年參與加速課程，幫助他們進入頂級大學。離鄉背井前往新環境的想法雖然使人卻步，但是可以認識新的人，接受智識上的挑戰，並逃離當時的生活，這樣的前景又很吸引她。崔西認真申請，也成功入學。

寄宿學校讓崔西接觸到全新的世界，不同的朋友和觀念讓她這輩子首度受到考驗。雖然在多數來自菁英背景的白人同儕間，她有時覺得不太自在，她還是覺得很快樂。

身為課程中少數的非裔美人，崔西經常受邀參與學校的募款活動。她的故事往往能讓有錢的捐款者慷慨解囊。在一次這樣的活動中，她認識了美國國安局前任局長殷曼（Bobby Inman）。

殷曼在談話間告訴崔西，國安局有一個甄選嚴格的大學訓練課程，提供給全國最優異又愛國的學生，他鼓勵她申請。崔西申請後收到國安局的通知面試，但那一次測謊沒過，讓她開始懷疑自己的夢想是否能成真。然而，第二次測謊時，她成功克服緊張，國安局也不再懷疑她曾殺過人，雖然他們可能從來就沒這樣想過。她的生活即將從此不同，不過第一次測謊的經驗也預告了未來：崔西必須面對如何管理內在對話的挑戰。

乍看之下，國安局獎學金的條件似乎完全符合她的期望。國安局會全額負擔崔西大學教育的費用，並提供豐厚的月津貼。當然是有條件的，每年暑假她都必須接受成為最高機密分析師的訓練，畢業後要為國安局工作至少六年。儘管如此，這是千載難逢的機會，特別是她在那年春天得到哈佛的入學通知之後。崔西為自己爭取到免費的長春藤名校教育以及令人憧憬的大好未來。

哈佛開學前幾週，她初次嚐到為國安局工作會是什麼滋味。在為期一週的就職訓練中，她獲得最高機密安全許可，得以取得高度機密資訊。她也得知伴隨著獎學金而來的各種限制。她只能主修與國安局利益相關的少數科目，例如電機工程、電腦科學與數學。她不能與來自其他國家的學生約會或成為親近的朋友。她不能到海外求學。參加校隊也不被鼓勵。漸漸地，崔西的獎學金從原先的黃金入場券，變成黃金手銬。

同宿舍的其他新鮮人自由交流的同時，崔西卻戒慎恐懼。過去，她是被以貌取人的對象。現在以貌取人的反而變成她，與人互動時，她會迅速檢視別人的臉孔和語調，尋找他們的背景線索，因為她害怕自己會與來自遙遠國家的人成為朋友——更糟的是或許會受到對方吸引。

她修讀的數學和工程課程同樣讓她感覺受限，這些課與其他同學選修的刺激、多元的課程大相徑庭。在哈佛園（Harvard Yard）樹木夾道的路徑上匆忙往來於課堂的時間，她的思緒往內蜷縮，想著這個應該很棒的機會，卻有多少不那麼棒的事情。她想著自己是否做了錯誤的選擇。

時間流逝，崔西從新鮮人升上大二，再升上大三，她覺得愈來愈孤單。用她的話說，她正在自己的內在對話中逐漸滅頂。她無法和人談論自己暑假在做什麼——密碼學和製作電路板的訓練，或是學習如何爬上屋頂接合天線。

不過，孤立感只是其中一個壓力來源。另一個來源是哈佛最難的主修科目之一：工程學，那是她面臨過最艱難的學業考驗，而且如果成績掉到三．〇以下，她就會被迫退出國安局的獎學金計畫，並且必須償還政府已經為她付的錢——這個可能性讓她深感恐懼。

日益負面的內在對話吞噬了崔西。如果成績不夠好會怎麼樣的反芻思考，總在考試前湧來。被焦慮淹沒的她開始強迫性的在考試時咬鉛筆頭，用手指捲頭髮。這些緊張的小動作帶給她一種奇異的安慰感。儘管努力維持一切都很好的表象，她的身體卻以不同於第一次測謊時的方式，再度出賣了她。每當她開始因為成績而焦慮，臉上就會長出囊腫型痤瘡，這種長在皮膚表層底下的粉刺充滿膿液，必須注射皮質酮治療，就好像在她表象下醞釀的小對話太過激烈，無法被壓抑。她不知道自己還能撐多久。

她覺得自己只有兩個選擇：被當掉或自己離開。

當一隻牆壁上的蒼蠅

崔西的故事和內在對話演變成負面思緒的多數人一樣，是關於距離的練習：**我們和問題之間所保持或未保持的距離。**

我們可以把心智想成鏡頭，內在聲音是能操控鏡頭伸縮的按鈕。簡單來說，小對話就是我們把鏡頭拉近聚焦到一件事上，情緒受到強烈煽動，導致我們排除了所有可能讓我們冷靜下來的其他思考方式。換句話說，我們失去了觀點。我們對情況採取這種大幅窄化的視野，會放大逆境，讓負面的內在聲音大行其道，導致反芻思考和伴隨而來的壓力、焦慮和憂鬱。當然，集中注意力本身不是問題。相反的，它對於幫助我們面對艱難處境和隨之而來的感受是不可或缺的。但是當我們陷在問題當中，失去把鏡頭拉遠、看見大局的彈性時，內在聲音就會變成反芻思考。

當我們的內在對話失去全局視角，引發強烈負面情緒時，負責處理自我參照（self-reference，有關自身的思考）和產生情緒反應的腦區就會活躍起來。換句話說，我們的壓力反應硬體開始運作，釋放出腎上腺素與皮質醇，以負面情緒淹沒我們，這又進一步強化我們的負面語言流，把鏡頭更聚焦到問題上面。結果是，我們無法獲得更廣的視角，看不到處理眼前逆境更有建設性的方式。

然而，大腦的演化是在遇到困境時不僅會拉近鏡頭，還會拉遠鏡頭，只是後者在壓力下要困難得多。我們的心智具有彈性，但我們必須知道如何形塑它。發燒了，你可以吃點藥退燒。同樣的，我們的心智也有一個心理免疫系統：我們可以利用自己的思緒改變自己的思緒——方法就是拉開距離。

當然，心理距離並不能消除問題。例如，崔西就算能夠退後一步觀察自己所處的高壓困境，減輕焦慮的狀態，她還是背負著對國安局的債務，未來更是未知。同樣的，即使安凱爾能找回投球手感，他還是要面對在全國電視轉播季後賽站上投手丘的壓力。距離不能解決問題，但能提高解決問題的可能。距離能撥開籠罩語言流的迷霧。

既然如此，最重要的問題就是：當我們內心的小對話又開始發作時，該如何拉開心理距離？

巧合的是，崔西坐在哈佛新鮮人宿舍裡時，在南邊三個半小時車程外的曼哈頓，還是心理學研究生的我坐在哥倫比亞大學史莫宏堂（Schermerhorn Hall）灰色的地下室，思索著類似的問題。我們可以如何思考自己的負面經驗，而不被吸入反芻思考的漩渦？為了回答這個問題，我才決定到哥大追隨指導教授米歇爾（Walter Mischel），他的研究充滿開創性，多數人都叫他「棉花糖人」。

米歇爾是心理學領域的皇族，他發展出大眾熟知的棉花糖實驗，在這個自我控制的典範研究中，實驗者邀請小孩來到研究室，給他們一個簡單的選擇：他們可以現在吃一顆棉花糖，或是等到實驗人員回來，吃兩顆棉花糖。根據結果，等待比較久的小孩，後來的SAT學術能力測驗表現較佳，長大後比較健康，成年後的抗壓性也比馬上就拿棉花糖來吃的受試者更佳。但所謂的棉花糖實驗（它真正的名稱是延遲享樂實驗）不只記錄了這些驚人的長期結果，更重要的是，它協助改寫了科學對人類自制力工具的了解。

我到哥大時，米歇爾和他當時的博士後學生艾杜克（Özlem Ayduk）已經轉而關注如何幫助人在思考痛苦經驗時，不要被小對話綁架。當時，對抗內在聲音反芻思考的一個主流方法是**分心**。好幾項研究都顯示，人被吸入負面思考時，若能將注意力從問題上轉移開來，會讓他們感覺比較好過。然而這個方式的缺點是，分心是短期解方，就像OK繃只能隱藏而不能治癒傷口。如果你因為想逃避現實問題而去看電影，離開電影院後問題依然存在。換句話說，眼不見不一定為淨，負面情緒依然存在，等待再度活躍的時機。

奇怪的是，拉開距離的觀念當時正逐漸在心理學界退燒。一九七〇年，認知療法的創始者之一、在心理衛生領域極具影響力的貝克（Aaron Beck）提出，教導病患如何客觀審視自己的思緒，也就是他稱為的「抽離」（distancing），是治療師在治療患者時應運用的重要工具。然而在後來數十年，抽離被與迴避（avoidance）畫上等號，等於刻意不去思考你的問題。但是在我看來，抽離本身沒有迴避的意思。理論上，你可以調控自己的心智，以遠鏡頭的視角來重新看待問題。

這種作法與正念冥想不同，目標不是要抽離出來，觀看自己的思緒飄過而不與之互動。重點正是要與之互動，只是要從較遠的距離去互動，這與情感迴避完全不同。這正是父親對我的教導，也是我成長中花許多時間在做的事。因此，米歇爾、艾杜克和我開始思考人們可以從自身經驗「退一步」，以更有效率的思考這些經驗的不同方法。我們找到了一個大家都有的工具：運用想像力**視覺化**（visualize）的能力。

人類心智內建了強大的視覺裝置：從遠方看見自己的能力。這個心智家庭戲院系統會在我們回想過去的不快經驗或想像未來可能造成焦慮的情境時，投射出畫面。這些畫面就像存在手機裡的影片，只不過畫面不是全然固定的。研究顯示，我們不會每次都從同樣角度看到自己的記憶或白日夢。我們能從不同視角觀看。舉例而言，有時我們重演曾經親眼看見的場景時，就彷彿自己又以第一人身份重回了事件發生的當下。但我們也能從外面看自己，彷彿被移植到另一個不同的視角。我們成為牆上的蒼蠅。我們是否能利用這個能力更有效的管理內在聲音？

為了找到答案，艾杜克、米歇爾和我邀請參與者來到實驗室。我們請一組人在心中重演透過自己眼睛看到的一次不快回憶。我們請另一組人做同樣的事，但是是從牆上蒼蠅的觀點，像旁觀者一樣觀看自己。接著我們請參與者根據他們被要求採取的觀點，整理自己的感受。兩組人展現出的語言流差異非常驚人。

沉浸或抽離

從第一人視角觀看事件的沉浸者（immerser），被困在自己的情緒和情緒引發的語言流狂潮中。他們在描述自己思緒的敘事時，往往聚焦在傷害上。「腎上腺素爆發。惱火。覺得被背叛，」有一個人寫道。「憤怒。成為受害者。被傷害。被羞辱。被踐踏。差勁的對待。丟臉。被遺棄。不被感謝。被逼迫。界線被踐踏。」他們「向內探索」並整理內在對話的嘗試，卻導致了更多負面感受。

另一方面，牆上蒼蠅組則提供了相反的敘事。

沉浸者被蔓延的情緒纏住時，抽離者（distancer）則能放寬視野，讓自己感覺變好。「我可以比較清晰地看到那次爭論，」一個人寫道。「一開始我比較能同理自己，但接著我開始了解朋友的感受。他的感受也許不理性，但我能了解他的動機。」抽離者的思路比較清楚而複雜，而且他們似乎能以旁觀者的洞察力看待事件。透過這樣的經驗，他們從中獲得比較有建設性的敘事。實驗證明，退一步觀察、梳理自己的經驗，可能有助於改變我們內在對話的調性。

那之後不久，我們和其他人透過更多研究發現，以這種方式拉遠鏡頭也能抑制心血管系統在壓力下的戰或逃反應，減少大腦的情緒活動，使人在受挑釁時（會引發小對話的情境）感到的敵意和攻擊性都比較少。我們也發現，抽離技巧不只對隨機選取的大學生有用，對內在對話更極端的人也有用。例如憂鬱症患者，甚至是因為孩子正經歷痛苦化療而高度焦慮的父母。然而在這個階段，我們的發現仍不夠全面，只限於抽離思考「在當下」對我們的影響。我們還想知道它會不會有持久效果，縮短人們花在反芻思考的時間。

事實證明，不只是我們對這個問題感到好奇。我們發表最初的研究後不久，比利時魯汶大學（University of Leuven）的研究團隊在維爾頓（Philippe Verduyn）領導下設計了一組絕妙的研究，探詢在實驗室以外的日常生活中，一個人的抽離傾向是否會影響情緒持續的時間。他們發現，採取旁觀者視角、拉開距離，會讓人在經歷過令人憤怒或悲傷的事件後，感受負面情緒的時間縮短。抽離可以在小對話的野火成為熊熊大火之前將之撲滅。

不過，抽離具有抑制性的這種特質，有時會導致意料外的結果：抽離會同時縮短負面及正面經驗的持續時間。換句話說，如果你在獲得升遷後退一步提醒自己，從更高的視點來看，地位和金錢都不是真正重要的東西，最終我們都難免一死，那你的喜悅也會隨之減少。這告訴我們：想讓正面經驗維持久一點的話，最好不要變成牆上那隻蒼蠅。在這種情況下，請盡量沉浸其中。

到這時我們已經清楚了解，在反思情感經驗時，所有人都會傾向心理沉浸或心理抽離，但是不會固著於任一狀態中。我們的傾向會形塑內在對話的模式，幸好，我們刻意改變觀點的能力也可以形塑內在對話。

除了我們和維爾頓的研究，約於同時發表的大量其他研究也開始改變我們對於抽離如何助人控制情緒的認識。史丹佛大學的研究者證實，採取疏離的旁觀者觀點，長期下來比較少反芻思考。在大西洋彼端，劍橋大學的研究者發現，教人「看到大局」能減少侵入性思維（會耗盡執行功能）以及對痛苦記憶的迴避。其他實驗證明，即使只是在想像中把導致痛苦的影像縮小，都能減少人們在看到實際影像時感受的不快。

更有其他研究將抽離的概念應用在教育領域，研究顯示，引導九年級學生以抽離觀點看到重視學業的原因，例如強調學業表現好將有助於他們成年後找到理想的工作並貢獻社會，能讓學生的平均學業成績提升，也更能專心在無聊但重要的任務上。由此可知，距離不只能幫助我們更妥善地面對負面情境造成的強烈情緒，還能幫助我們應對那些瑣碎但重要的日常情緒挑戰，例如乏味但不可或缺的工作和學習所帶來的挫折感與無聊。

這一切告訴我們，退一步看事情，可以有效幫助人在各種日常情境中管理小對話。但是我們很快又了解到，保持心智距離，對另一件很重要的事情也有正面影響：智慧。

所羅門悖論

大約在公元前一〇一〇年，耶路撒冷女子拔示巴（Bathsheba）成為母親的夢想終於成真。第一個孩子在襁褓中夭折之後，她終於生下第二個孩子：一個健康的男嬰，她取名所羅門。根據聖經描述，所羅門不是普通的寶寶，身為殺了巨人歌利亞的大衛王之子，所羅門長大之後成為猶太人的國王。他是無與倫比的領袖，不僅因為他的軍事力量和經濟眼光而受人敬重，也因他充滿智慧。當時的人會遠道而來尋求他的意見。

他解決的最著名的爭端，起因於兩名女子都聲稱自己是同一個孩子的母親。他提議把孩子切成兩半，其中一名女子表達反對時，他據以判斷她才是真正的母親。然而，命運很諷刺，所羅門王對自己的人生就沒有如此的智慧。被情愛沖昏頭又短視的他，娶了數百名不同信仰的女子，並且費盡心思取悅她們，建造華麗的神殿和聖壇供她們敬拜各自的神明。這讓所羅門逐漸遠離了自己的上帝和子民，終於導致他的王國在公元前九三〇年滅亡。

所羅門王表現不一的思維，其實是一則關於小對話的寓言，體現了人類心智的一大特色：我們無法以看待別人時的距離和洞察力看待自己。資料顯示，這不限於聖經故事，所有人都有這樣的傾向。我和同事稱這種偏誤為「所羅門悖論」（Solomon's Paradox），雖然所羅門王絕不是唯一展現這種現象的智者。

美國歷史上以智慧著稱的林肯，也有一個鮮為人知的故事。一八四一年，林肯的事業與感情都陷入低潮。身為律師，他還未獲得自己所期望的成功。此外，他也開始懷疑自己對未婚妻瑪麗的感情，因為他愛上另一名女子。林肯因此陷入憂鬱，或如史學家說的「林肯的多愁善感」（Lincoln's melancholy）。

次年，當這位未來的總統開始找回希望與清晰的思路時，他的摯友斯匹德（Joshua Speed）也對自己的婚約產生類似的動搖。此時，換了一個角色的林肯做到面對自己的情形時無法辦到的事，為斯匹德提供了很好的建議。他告訴斯匹德，問題出在他對愛情的想法，而不在他的未婚妻身上。就如古德溫（Doris Kearns Goodwin）在《無敵》（*Team of Rivals*）一書中所寫，林肯後來反思，「如果他看待自己在感情上的混亂，和他看斯匹德的感情生活一樣清楚，他可能會『安然度過那一關』。」

在探討抽離如何帶來智慧以前，我們可以先了解什麼是智慧的展現。在嚴謹的心理學領域，「智慧」這種變化無形的概念，一開始顯得難以定義。儘管如此，科學家已經能夠描述智慧的明顯特徵：運用心智能力，針對涉及不確定性的特定問題，進行有建設性的推論。智慧的推論牽涉到在幾種層面上看到「大局」：體認到自身知識的不足，察覺到生命的不同脈絡以及它們可能隨時間演變，承認其他人的觀點，並且能調和對立的觀點。

雖然我們一般認為智慧與年紀有關，因為活得愈久，經歷過的不確定和從中學到的也愈多，但研究顯示，任何年齡的人都可以學習如何有智慧的思考——透過拉開距離。

舉例來說，葛洛斯曼（Igor Grossmann）和我在二〇一五年做了一項研究。我們給參與者看一道難題，請他們預測未來會如何發展。我們請一組參與者想像伴侶對他們不忠，另一組想像同樣的事情發生在朋友身上。我們以這種實際情境來創造心理距離。

當然有些人會認為，發現伴侶不忠最明智的反應就是憤慨，這不難理解。不過我們關注的是距離能否產生明智的反應，能夠減少而非增加衝突。如我們預期，當參與者想像問題發生在其他人身上時，他們有智慧得多了。他們覺得與不忠的伴侶找到妥協之道更為重要，也比較願意敞開心胸聆聽對方的觀點。

另一個關於醫療決策的例子也足以說明，距離就像一個逃生艙，可以帶我們避開所羅門悖論。要做出跟自己健康有關的重要決定時，很容易引發小對話。身體上的痛苦或疾病，更不用說死亡，都會引發不確定感，讓腦中的對話充滿憂慮，蒙蔽我們的判斷，導致我們做出錯誤決定，反而對健康造成更多損害。

在一項大型實驗中，科學家讓人選擇：什麼也不做，但有十%的可能死於癌症，或接受一項新療法，但有五%的可能死亡。顯然第二個選項較佳，因為死亡風險少了五%。然而，有四成參與者選擇了對生命威脅較大的選項，這與先前研究的結果一致：牽涉到健康時，與其做些什麼，人們往往選擇什麼也不做。但是，很特別的現象是，當同樣的人被要求為別人做選擇時，只有三一%的人做出較差選擇。把這個百分比差異用每年診斷出癌症的人數來看（一千八百萬人），等於有超過一百五十萬人可能會搞砸對自己最有利的療程選擇。這種因為缺乏心理距離所導致的不明智決策，還會影響我們生活的其他部分。

諾貝爾獎得主心理學家、《快思慢想》作者康納曼（Daniel Kahneman）曾寫過，他最受啟發的一個經驗，就是學到如何避免「內部看法」（inside view）並採納「外在看法」（outside view）。照他的說法，內部看法會讓你的思維受限於你的條件。因為你不會知道你不知道的事情，這往往導致對潛在障礙的預測失準。另一方面，外在看法包含了更廣泛的可能性，因此也更準確。你更能預見障礙並且加以因應。

雖然康納曼談的是如何準確預測未來，但研究顯示，跳脫自身看事情的能力，也就是保持心智距離，對一般決策也有幫助。這個能力能幫我們避免訊息超載，例如買車時評估不同配備與價格時，能做出清晰判斷。它能減少「損失規避」（loss aversion），這是由康納曼普及的概念，指的是人對於損失遠比對獲利的感覺強烈。此外，這個能力還能讓人更願意妥協，接納不同觀點。在二〇〇八年美國總統大選前進行的一項研究中，葛洛斯曼和我發現，當我們請人以抽離觀點（假裝自己生活在另一個國家）想像他們支持的候選人輸掉大選的未來，他們的政治觀點會變得較不偏激，也較願意和對手陣營的人合作。

抽離帶來的正向人際效應和智慧的提升，使這個能力對我們生活的另一個領域也極為珍貴，這個領域經常讓我們的內在對話喧囂不止：愛情。我和同事艾杜克想知道，抽離在親密伴侶的和諧關係中可能扮演什麼因素。於是我們花了二十一天，記錄參與者每次與另一半吵架時的抽離傾向。我們發現，人在面對伴侶關係的問題時傾向「抽離」或「沉浸」，會影響他們吵架的方式。沉浸者的伴侶若在爭論時保持平靜，沉浸者也會以同樣的耐心和同理心回應。但是他們的伴侶只要展現出一點憤怒或輕視的態度，沉浸者就會以同樣方式回應。至於抽離者，當他們的伴侶能平靜的說話時，他們也會保持平靜。但即使伴侶激動起來，抽離者仍會傾向解決問題，緩和衝突。

後續實驗進一步延伸了這個研究，顯示情侶如果在面對意見不合時學會抽離，就能減緩感情的衰退。在一年內只要花二十一分鐘嘗試從抽離的視角釐清衝突，就減少了情侶共處時的不愉快經驗。從這個角度看抽離就算稱不上是愛情靈藥，似乎也能為愛情保鮮。

這些研究在在證實，退一步觀察，對改變自我對話大有助益。更廣泛而言，研究也顯示，即使面對最可能引發小對話的情境（牽涉到不確定性、需要智慧的情境）我們也能進行明智的推論。不過對我而言，這一切研究最驚人之處，是告訴我們有很多方式可以獲得心理距離，我們的心智給了我們很多能看見大局的選項。只是有時候，我們需要的不只是智慧。正如崔西在哈佛學到的，我們還需要新的故事，由我們心智的時光機所創造、能把距離拉更遠的想像敘事。

時光旅行和書寫的力量

每天晚上，崔西坐在宿舍房間裡，啃著鉛筆頭上的橡皮擦，為臉上的青春痘所苦，內在對話陷入絕望，她必須接受成為探員的訓練，也是頂尖大學裡寂寞的獎學金學生。她無助的沉浸在焦慮中，最後終於向哈佛和國安局的心理治療師求助。但令人失望的是，兩邊的諮商師都沒能幫上忙。她依然感到無比孤單——但真的是這樣嗎？

出於興趣，似乎也有預感會對自己有幫助，崔西展開了家族史計畫。她想知道讓她來到世上的那一長串人物與事件。因此在學校放假，她也不需要待在國安局的時候，崔西開始追尋過往的故事。她坐在親戚的摩托車後座環繞密西根湖，在加州漫步於馬瑞特湖（Lake Merritt）畔，在溼熱的紐奧良法語區和兩位阿姨在街頭閒晃，也在祖先位於德州中部、已焚毀的農場附近，拓印散落在墓園裡的家族墓碑。

親戚敞開心胸和她談話的過程中，崔西得知了身為最早在密西根州卡拉馬如（Kalamazoo）居住的非裔美人家庭之一，他們曾面對的辛苦。她發現自己的曾祖母曾是巫毒師，與一名白人男子交往，就是她的曾祖父，也得知了曾祖母用來驅散惡靈的咒語。在她謹慎但堅持的詢問之下，親戚也終於願意開口談論家族在美國史上最痛苦和受壓迫的那些往事。她證實了自己是奴隸的後代，也得知她有位曾祖父死於吊刑，另一位則被邦聯軍（Confederate army）徵召入伍。她還發現自己是華盛頓（George Washington）的後代。

崔西發現，愈是深入發掘家族史，回到哈佛時她就感覺愈平靜。一方面，探索祖先的遺產讓她能對世界證明，奴隸的後代也能在享譽世界的頂尖機構獲得成功。儘管在哈佛遭遇困難，這樣的歷史觀點使她取得俯瞰視角，看見自己走了多遠，甚至覺得祖先應該會以她為榮。同時，得知祖先曾經忍受過的磨難，也讓她更能轉換看待自己經歷的考驗。擔心成績或不能跟心儀對象約會的焦慮，和祖先以奴隸身份艱苦工作的痛苦完全無法相比。她變成了牆上的蒼蠅，不只能夠拉遠鏡頭觀看自己的人生，更是縱觀好幾代人的人生——歷經橫跨大西洋奴隸船航程而生存下來，至此在美國成長發展的漫長族譜。這樣的經驗大大緩和了她的內在對話。

有數個研究可為崔西的個人經歷提供科學佐證，有策略的進行心智的時光旅行，可以成為創造正面個人敘事的工具，引導小對話轉向。心智時光旅行的好處不只是讓我們得以俯瞰過去、編織出有關現在的正面故事，它還能帶我們**前往未來**，這個工具稱為「創造時間距離」（temporal distancing）。研究顯示，人在經歷困難時，請他們想像十年後、而不是明天會如何看待此事，也能有效讓他們切換到俯瞰視角，讓人了解自己的經驗只是一時的，進而產生希望。

從某個層面而言，創造時間距離所促進的正是智慧的一個面向：了解到世界永遠處於變動，情況一定會改變。體認到生命的這一面，能顯著緩解負面經驗。以我為例，這個認知幫助我面對過去一世紀以來引發最多小對話的大事件：二〇二〇年的新冠肺炎全球大流行。

隨著學校關閉，隔離檢疫開始實施，外在世界安靜下來，小對話開始在我心中醞釀鼓譟，和數百萬人所經歷的一樣。社交距離會影響小孩的福祉嗎？好幾週不離家，我要怎麼辦？經濟會改善嗎？當我專注在疫情結束後的感受，就能意識到我們現在經歷的只是一時的。正如人類漫長歷史中無數次大流行病，新冠肺炎危機也終會過去。這個認知鼓勵了我的內在對話。

我的同事歐茲萊姆發現，創造時間距離能助人應對重大壓力源，例如失去摯愛，也有助於處理相對較小的壓力源，例如逼近的工作期限。最棒的是，這個技巧不只會讓你感覺變好，甚至能提升你的感情生活，改善伴侶關係和爭執結果，彼此少點指責、更願意原諒。

除了家族史計畫，大學時期崔西也持續寫日記，這也成為拉開距離的媒介。雖然記事幾乎與文字存在的時間一樣久，但一直到過去幾十年才有研究開始說明寫日記提供的心理慰藉。多數相關研究都是心理學家佩內貝克（James Pennebaker）開創的。在他漫長傑出的職業生涯中，他證明了只是請人花十五到二十分鐘書寫最讓他們難過的負面經驗，創造關於那件事的敘事，都能讓他們感覺變好，更少看醫生，免疫功能更健全。我們透過寫日記，從必須創作一則故事的敘述者角度關注自己的經驗，可製造我們與自身經驗之間的距離。我們會感覺不再那麼深陷其中。崔西多年的日記習慣，對她幫助極大。

多虧了她能發揮創意撫平內在對話，崔西在大四那年的尾聲，青春痘已經消退，緊張的小動作也消失，成績也極為優異。她抑制了自己的小對話。自哈佛畢業後，她開始為國安局工作。接下來八年她在世界各地的衝突區從事祕密工作。由於受過數百小時的高階語言訓練，她能說流利的法語和阿拉伯語，能夠完全融入各項任務，其中許多任務至今仍為機密。她的情報成果呈報給美國政府最高層，直達白宮。在許多層面上，她確實過著高中時得知國安局獎學金之後所幻想的生活，精彩刺激，彷如電影。直到今天，崔西還是有寫日記的習慣。

今天的她是某常春藤名校教授（而且已不再為政府服務）。

✧ ✧ ✧

身為心理學者，尤其是研究如何控制內在對話的心理學者，最奇怪的是不管你的研究提供多少洞見，你還是無法逃離自己。當我向內探索時，我還是會迷失，儘管我知道如何抽離。沒有其他方式能解釋我收到恐嚇信後的反應。我知道可以拉開距離，讓小對話緩和下來的各種方法：採取牆上蒼蠅的旁觀者觀點，想像自己未來對這件事的感受，寫日記等等。然而……

我還是深陷其中。

只聽得到腦中的小對話。我正活生生的經歷所羅門悖論。

我只能將自己恐慌的內在對話訴諸語言，結果讓我和太太關係緊張，連她的旁觀者觀點都無法將我抽離自己的內在對話。我的小對話異常激烈，好像沒有出路——直到突然間我找到了。

我用自己的名字跟自己說話。

4

採取旁觀者視角，提升判斷力

改用名字稱呼自己、以第三人稱取代第一人稱，創造客觀心理距離，把威脅轉化為挑戰

凌晨三點，我穿著睡衣，坐在家中書房往窗外緊盯著黑夜。黑暗中看不出什麼，但我在心中清楚看到那封令人不安的信，還有寄信者瘋狂的臉孔，那是我在影集《夢魔殺魔》（*Dexter*）和《奪魂鋸》（*Saw*）電影的幫忙下憑空想像出來的。

許久之後，我從窗戶轉過身。

我不知道自己在做什麼，但我晃到辦公桌前坐下，打開電腦。即使在最深的恐懼中，我仍意識到這樣下去不行。缺乏睡眠讓我精神不振，我吃不好，也無法專心工作。在疲勞的狀態下，我盡可能專注內省，試圖尋找脫離這團混亂的出路。一開始幾天，內省沒有什麼效果，但我讓自己專注在問題上。*要是找個保鑣呢？*我自問。*找個專門保護教授的。*

儘管現在回顧實在荒謬，當時的心情卻完全不一樣。就在我準備好開始打字，搜尋受過訓練、專門為中西部受驚嚇的學者提供保護的保鑣時，有件事發生了。我停下動作，身體往後靠，在心裡對自己說，*伊森，你在做什麼？這太瘋狂了！*

然後奇怪的事情發生了：在心裡說出自己的名字，用彷彿在跟別人講話的方式稱呼自己，讓我得以立刻退後一步。突然間，我可以更客觀看待自己的困境。我假設有一個產業，讓前海軍陸戰隊員為教授提供保護，好像很合理，我還真的想要Google，現在才覺得根本是瘋了。

有了這個認知，理智很快回來。抓著球棒在家裡走來走去有什麼幫助？我心想。你裝了最先進的警報系統。收到那封信以來，沒有發生讓人擔心的事。那可能只是虛張聲勢。你還在擔心什麼？你該像以前一樣享受生活。想想你的家人、學生和研究。很多人都收過這種恐嚇。你處理過更糟的情況。這次你也可以應付。

伊森，我告訴自己。去睡吧。

這些想法就像敷在傷口上的藥膏一樣擴散開來，我從書房走回臥室。我的心跳慢下來，情緒也改變了。我感覺變輕盈了。當我默默躺到床上的妻子身邊，我終於可以做到自從收到恐嚇信以來迫切希望的事：閉上眼睛時沒有咬緊牙關，沒有在臥室門口設下陷阱，沒有緊抓我的小聯盟球棒，我沉沉地睡去直到早晨。

說出自己的名字救了我。不是脫離騷擾者，而是脫離我自己。

那一夜之後的好幾天，好幾週，我不斷思考這件事。一方面是這件事本身很諷刺：我是研究自制力的心理學家，卻失去自制力，更別提還短暫失去理性。另一方面是科學上耐人尋味的觀察：我用對另一個人的方式對自己說話，重新控制了我的情緒和內在對話。通常，用自己的名字稱呼自己會與怪異、自戀，甚至是心理疾病連結，但我不覺得自己屬於其中任何一者。對我而言，至少在那個危機時刻，我設法用內在對話抑制了我的內在對話。

這是無心的發現。

心理學中有一個經典發現，叫做頻率錯覺（frequency illusion），描述一種常見的經驗，例如新學到一個字以後，突然間似乎到處都會看到這個字。事實上，這個單字，或是你最近獲得的新觀察，一向都以這樣的頻率出現在你的環境中，只是先前你的大腦對它並不敏感，因此產生了這個錯覺。

當我發現自己遭遇龐大情緒壓力時會對自己說話，也有相似的感受。我的模式辨識軟體啟動了，開始會注意到別人也以跟旁人溝通的方式對自己講話，使用自己的名字和其他非第一人稱代名詞。接下來數月、數年間，我在不同的情境中注意到愈來愈多顯著的例子。

恐嚇信事件發生在二〇一一年春天，但第一個引起我注意的例子，其實是二〇一〇年夏天，職籃巨星詹姆士（LeBron James）的一段話。身為尼克隊的終生球迷，我一直天真的希望詹姆士會來紐約，拯救陷入困境的球隊。事與願違，他在ESPN體育頻道宣布將離開孕育他職籃生涯的家鄉球隊克里夫蘭騎士隊，轉而效力邁阿密熱火隊——他坦言這是重大又艱難的決定。「我很不想做出情緒化的決定，」詹姆士對ESPN球評威爾邦（Michael Wilbon）解釋。接著他從以第一人稱談論自己，轉成用他的名字談論自己：「我想做對詹姆士而言最好的事，還有會讓詹姆士快樂的事。」

幾年後，我偶然看到未來的諾貝爾和平獎得主馬拉拉（Malala Yousafzai）在《強史都華每日秀》（*The Daily Show with Jon Stewart*）的受訪影片。二〇一二年夏天，十四歲的馬拉拉與家人同住在巴基斯坦的斯瓦特（Swat）河谷，她收到最讓人緊張的消息：塔利班揚言要刺殺她，懲罰她公開提倡女孩受教權。

史都華問她收到生命威脅後如何反應時，馬拉拉無意間透露出最關鍵的一點是她用自己的名字勸導自己。一開始，她用第一人稱描述自己的經驗，但是隨著故事的敘述來到最讓人恐懼的一刻，她告訴史都華，「我問自己，『妳會怎麼做，馬拉拉？』接著我回答自己，『馬拉拉，妳就拿隻鞋子打他』……可是接下來我說，『如果妳用鞋子打塔利班的人，那妳跟他之間就沒有差別了。』」

這樣的例子不斷出現，不只在大眾文化中，例如演員珍妮佛．勞倫斯（Jennifer Lawrence）在與《紐約時報》記者的訪談中講到情緒激動處，暫停下來對自己說，「好了珍妮佛，鎮定一下。」，這樣的行為也有許多歷史前例。

「用第三人稱談論自己」這種行為甚至有專有名詞：illeism，經常用來形容凱薩（Julius Caesar）在敘述自己的高盧戰爭功績時使用的文學手法。書寫時他以名字和代名詞「他」自稱，而非「我」。另外，美國歷史學者亞當斯（Henry Adams）於一九一八年出版、獲普立茲獎的自傳，書中他也完全以第三人稱敘事。他取的書名也與這種寫作風格一致，並不是《我的教育》，而是《亨利．亞當斯的教育》（*The Education of Henry Adams*）。

這時，我已經和學生及同事分享過，我觀察到人會使用自己的名字和第二及第三人稱對自己說話。這開啟了我們在實驗室的討論，也開始檢視語言和距離的關係。強烈的直覺告訴我們，默默在心中使用自己的名字（而不是會讓人挑眉、不符社會常規的那種大聲自言自語）能幫助人控制內在對話。

當然，我看到的「證據」都還只算是軼事而非科學證據，不足以證明任何事，雖然它們似乎都指向人類行為中的某種共通模式。多年來，我和同事持續研究抽離的方式，但我們發現的技巧都需要投入時間與專注，但在碰到困擾時用自己的名字跟自己進行內在對話，卻兩者都不需要。有沒有可能，把自己當成別人，本身就是一種抽離？

抽離式自我對話，一秒就能轉換情緒

「你是認真的嗎？」我們的實驗參與者問。

「是的，」實驗員告訴他。「跟我來。」

她引導受試者沿走廊走。

這名受試者與其他來到我們實驗室的志願者一樣，只知道自己將參與有關語言和情緒的實驗。他們抵達實驗室以前並不知道我們會使用的方法，那是科學家在實驗室裡製造壓力最有效的一種技巧：請受試者在觀眾面前公開演說，但是不給他們充足的準備時間。我們希望能進一步了解，無聲地以自己的名字（和其他非第一人稱代名詞）自稱，如何助人在這類情境下，控制騷動的內在對話。

我們告訴受試者，他們要對一群人發表五分鐘的演講，說明自己為什麼夠資格取得夢想的工作。接著，我們帶他們到沒有窗戶的小房間，請他們在那裡用五分鐘準備演說，但是不能做筆記。我們的構想是，如果我們請某些參與者在演講前的思考使用非第一人稱語言，他們可以創造更多心理距離，幫助自己克服緊張。

我們的理論根據並不只是我的經驗，或是馬拉拉、詹姆士與其他人說過的話。先前的研究顯示，大量使用第一人稱單數代名詞的現象，稱為 I-talk，是負面情緒的可靠標記。舉例而言，橫跨兩國六座實驗室，近五千人參與的一項大型研究發現，I-talk 和負面情緒之間有明確的正相關。另一項研究顯示，計算一個人臉書貼文的 I-talk 數量，可以預測他們未來出現憂鬱症的機會。這些結果表示，以「我」（I, me）和「我的」（my）等第一人稱單數代名詞跟自己說話，有可能是一種語言上的沉浸。

於是我們自然會問：如果你不只是減少用第一人稱思考自己的傾向，還用和他人互動的方式指稱自己呢？我們猜想，使用自己的名字，同時使用第二與第三人稱，可以創造情感距離，因為這會讓你在和自己說話時，覺得是在和別人說話。例如，與其想我今天為什麼要對同事大發雷霆？我可以想，伊森今天為什麼要對同事大發雷霆？

五分鐘的演講準備時間結束後，我們將參與者隨機分成兩組：一組在思索稍後的演講引發的焦慮時，使用第一人稱代名詞「我」；另一組也做同樣的事，但是只使用非第一人稱代名詞和自己的名字。完成後，我們帶他們沿走廊來到一群評審面前發表演講，評審都受過訓練，可以保持面無表情，受試者正前方還放了一台引人分心的大型攝影機。好戲上場。

一如我們預料，以抽離方式自我對話的參與者回報，他們演講後感到的難堪與困窘，比使用沉浸式自我對話的參與者少。他們在事後也較少針對自己的表現反芻思考。在描述自己的心智經驗時，他們說，與其強調自己有多緊張或任務有多困難，他們的內在對話更聚焦在這件事不會有任何真正的後果。

驚人的是，我們為影片編碼、更深入探索實驗數據時，發現不只是受試者的情緒反應不同，觀看演講影片的評審也表示，抽離式自我對話組的人表現較佳。

我們發現了隱藏在心智中的全新抽離工具：抽離式的自我對話。我們的實驗與後來的其他實驗證實，從第一人稱「我」轉換到第二人稱「你」或第三人稱的

「他」或「她」，提供了創造情感距離的機制。抽離式自我對話是內建在人類語言結構中的心理技巧，而我們現在終於知道它有很多種好處。

其他實驗顯示，抽離式自我對話讓人得以創造更好的第一印象，提升壓力下解決問題的表現，做出更明智的推論，正如牆上蒼蠅的抽離策略一樣。它還能促進理性思維。舉例來說，二〇一四年的伊波拉危機高峰期，有些人很怕美國會爆發傳染。於是我們透過網路針對全美各地的人進行研究，發現因為伊波拉而焦慮的人，如果依照要求，從第一人稱改成用自己的名字來思考伊波拉未來的發展，這些人就會找到更多有事實根據、不需恐慌的理由，焦慮和風險知覺也會跟著降低。他們不再認為自己很可能感染這個疾病，這不僅更準確的反映事實，也抑制了先前恐慌不已的內在對話。

研究也顯示，抽離式的自我對話，也能幫助人們處理我研究過最會引發小對話的一種情況，那就是必須在自己在乎之人和道德原則間做選擇。例如，我們認識的人犯了罪，我們被迫決定要保護他還是讓他受到懲罰。研究顯示，發生這種內在衝突時，人們保護認識的人的可能性遠超過舉報的可能性。我們在日常生活中也一再看到這種現象，例如大學行政人員與體操官員都未能阻止因猥褻兒童被判刑的美國奧運體操隊醫生納瑟（Larry Nassar）。

如果我們保護某些人的動機是來自我們與他們很親近，那麼抽離式的自我對話應該能減少這種傾向，因為我們得以退一步看待自己和與他人的關係。果然，我們透過幾項研究發現的結果正是如此。在一項研究中，我和學生請受試者想像自己發現親朋好友犯罪，例如盜刷別人的信用卡，再想像有警察來詢問自己是否有看到什麼。用自己的名字思考的參與者（例如：瑪莉亞做這個決定時考慮的是哪些事實？），比較可能對警員舉報嚴重罪行。

這些結果顯示了抽離式自我對話的力量，但還沒探索讓這個技巧如此珍貴的另一個特質：它能快速見效。說出自己的名字讓自己平靜下來，居然是這麼容易做到的事。正常情況下，調節情緒是需要時間的。想像未來會如何看待一件事情而進行心智的時光旅行，為了整理思緒和感受而寫日記，或甚至是閉上眼睛從牆上蒼蠅的觀點回想過去經驗，這些經過實證檢驗的抽離工具都會耗費心力，因此在情緒激動的當下有時很難派上用場。

想想我的經驗。我只是說出自己的名字，就讓內在對話完全轉向，像火車行駛至分歧點時改變方向一樣。抽離式自我對話的效果顯然快速而強大，與許多其他的情緒調節策略不同。為什麼？

語言學中有「轉換詞」（shifter），指的是意義會隨說話者而不同的字，例如人稱代名詞（如「我」和「你」）。舉例而言，如果丹妮問：「**你**可以把番茄醬遞給我嗎？」而瑪雅回答：「當然囉，給**你**，」對話中「你」所指稱的人也改變了。一開始指的是瑪雅，後來指的是丹妮。多數孩童兩歲時就知道這樣的語言運作，可以用這種方式轉換觀點，而且速度出奇的快，在毫秒之間。

轉換詞的概念顯示，特定字眼對於轉換觀點有多大的力量。我們的假設是，抽離式自我對話可能透過相似的機制運作，創造出虛擬的「觀點自動換檔器」，因此需要投注的心力很少。以這個觀點去看語言和心理距離，密西根州立大學心理學家莫瑟（Jason Moser）和我設計出一項實驗，用來測量抽離式自我對話能多快發揮作用。不過，我們不是聆聽受試者的內在對話，而是觀察他們的大腦。

在這項實驗中，我們請參與者在每次看到讓人不安的照片時，想想自己的感受，可以使用沉浸式語言（我現在是什麼感覺？）或抽離式語言（傑森現在是什麼感覺？）我們則以腦電波儀監測他們的腦電活動，藉此判斷不同的心理運作在腦內發揮作用的速度。

結果顯示，參與者以抽離式語言思索看到照片後的反應時，大腦中展現的情緒活動少很多。但最重要的發現是參與者需要多久才能感覺到抽離帶來的緩解。我們看到，情緒活動的改變，在參與者看到負面照片後的一秒內就出現。

短短一秒。僅此而已。

同樣讓我們興奮的是，沒有證據顯示這類自我對話會對執行功能造成過大負擔。這很重要，因為較耗費心力的抽離技巧會製造某種兩難：小對話喋喋不休時，會耗盡我們專注、抽離並重新掌控內在對話所需要的神經資源。但抽離式自我對話迴避了這個兩難，是幫助我們事半功倍的工具。

如果改變我們思考時使用的字眼，能讓我們快速抽離、應付壓力，那我們可以合理推論，轉換用語也能影響我們的內在對話。事實上，抽離式自我對話確實能辦到，而且是利用我們都擁有的能力：把壓力源詮釋為挑戰而非威脅。想了解這個能力如何運作，讓我們來拜訪一位老鄰居。

把威脅轉換爲挑戰

如果你在一九六八至二〇〇一年間的美國長大或養育小孩，很可能還記得弗瑞德．羅傑斯（Fred Rogers）在他著名的半小時電視節目《羅傑斯先生的鄰居》（*Mister Rogers' Neighborhood*）中撫慰人心的聲音。但是在他平靜的人物角色下，羅傑斯也和我們一樣受到內在對話的折磨。在他一九七九年給自己的一封信裡，內在批評者展露無遺。當時他剛結束三年空擋返回節目：

我是在騙自己還能再寫腳本嗎？這只是美好的幻想？如果不開始做，我永遠不會知道。為什麼我不能……相信自己。其實原因就是這樣……還有我不願經歷創作的痛苦。**經過這麼多年還是一樣痛苦**。每個藝術創作者在嘗試創作時，都要經歷彷彿受詛咒的折磨嗎？哎，也罷，時間已至，現在**就是**我必須完成的時候。**開始做吧，弗瑞德。開始吧**。

羅傑斯這封無比坦誠的信，就像是小對話的原始文物，我們彷彿坐在觀眾席第一排看著他內在對話的轉換。

信件前四分之三呈現的內在對話充滿自我懷疑和自我批評，甚至還有絕望。但隨著這份給自己的筆記繼續開展，羅傑斯逐漸建立起另一種思考自身處境的方式。他體認到無論自己有多少不安，都必須面對眼前的工作（「時間已至……我必須完成」），他的內在批評者也隨之淡出。接著他做了一件事，他轉用抽離式語言（使用自己的名字）來告訴自己，他確實能寫出節目腳本。轉換觀點後，他又繼續工作了二十二年，照亮了所有人面臨困難處境時都要面對的分岔路口。

心理學者已經證明，人處於高壓情況時，首先會自問（通常在潛意識中）兩個問題：面對這個情況我需要做什麼，我有足夠的個人資源應付我需要做的事情嗎？如果我們快速審視情況後的結論是，我們缺乏處理事情所需的資源，這會讓我們將壓力源判定為**威脅**。另一方面，若我們評估情況後，判斷自己有能力妥善應付，就會視之為**挑戰**。我們選擇以何種方式自我對話，對內在聲音有絕對的影響。不意外的是，以愈有建設性的框架看待挑戰，結果愈正面。以羅傑斯先生的例子而言，他得以正視創作的艱難，接著持續創作不懈。

有多項研究支持羅傑斯先生的信所體現的事情。從數學考試、在高壓情況下演出，到應付刻板印象，當人們可以將眼前的壓力源視為挑戰而非威脅時，不管在思考、感受與表現上的結果都比較好。就如羅傑斯先生用自己的名字激勵自己，抽離式自我對話可以是關鍵的助力，把我們推向視壓力為挑戰的心態。

研究顯示，抽離式自我對話能引導我們以挑戰導向思考壓力情境，得以鼓勵自己，告訴自己「你做得到」，而不是把處境視為災難。例如，我和合作者進行的一項研究中，我們請參與者用沉浸式或抽離式的自我對話，寫下他們對即將到來的壓力事件最深刻的思考和感受。文章中透露出最多挑戰導向思維的參與者中，七五%來自抽離式自我對話組。相對的，文章中透露出最多威脅導向思維的參與者，六七%來自沉浸式自我對話組，形成強烈對比。

要了解參與者腦中實際發生的事情，我們可以看看某位沉浸組參與者寫的：我擔心搞砸面試，得不到工作。而我總是會搞砸。我總是不知道該說什麼，總是非常緊張。我陷入緊張，導致面試表現不好，又導致我更緊張，陷入負面循環。即使拿到工作，我想我還是會害怕面試。

另一方面，抽離組的內在對話則明顯不同。一名參與者思索他在約會前的不安時寫道，亞倫，你得慢下來。這是約會，誰都會緊張。媽呀，你幹嘛那樣說？你得退一步。拜託老兄，鎮定一點。你可以的。

語言如何影響我們將經驗視為挑戰還是威脅，不只可以觀察人們思考的內容，還可以從人的身體反應看到。挑戰與威脅引發的心理經驗各有獨特的生物標記。人處於受威脅的狀態時，心臟會加速泵送血液至全身。面對挑戰時也會有同樣情形，兩種狀態的關鍵差異在於體內攜帶血液的動脈和靜脈如何反應。人處於威脅狀態時，血管系統會收縮，使血液可流動的空間變少，長時間可能導致血管破裂與心臟病發作。相對的，當人處於挑戰模式，血管系統會放鬆，讓血液較容易流動。

水牛城大學（University at Buffalo）的斯特莫（Lindsey Streamer）、希瑞（Mark Seery）和同事想了解，抽離式自我對話是否會使心血管系統的運作產生這類改變。簡單來說，我們是否能透過抽離式自我對話，說服心智與身體把某個情境視為挑戰而非威脅？果然，在公開演說前被要求以自己名字思考壓力的參與者，展現出挑戰模式的心血管反應，沉浸組的參與者則展現出標準的威脅生理反應。

如果抽離式自我對話能幫助成人，我們自然會猜想是否也能幫助孩童。身為家長最大的任務之一，就是教導孩子如何在面對困難但重要的情境時堅持下去，例如幫助他們找到讀書方法。心理學家卡爾森（Stephanie Carlson）和懷特（Rachel White）思考這個問題時，發現了蝙蝠俠效應（Batman Effect）。

他們在一項實驗中，請一組小朋友假裝自己是超級英雄，同時交給他們一個無聊的工作，模擬繁瑣的回家作業。實驗者請孩子們扮演他們挑選的角色，然後用這個角色的名字問自己，自己在這項工作上表現如何。舉例而言，有一個女孩假裝自己是愛探險的朵拉（Dora the Explorer），實驗者便指示她問自己：「朵拉有努力工作嗎？」卡爾森和懷特發現，這樣做的孩子，比起以一般方式使用「我」來思索自身經驗的孩子，能夠堅持更久。第三組孩童使用自己的名字，表現也比使用「我」的那一組來得好。

其他以兒童為對象的研究，把這個現象用在壓力更大的情境中，發現抽離式自我對話也能夠助人以較健康的方式因應喪親之痛。例如，一名孩童說：「不論如何，他們的爸爸都是愛他們的，他們可以想想發生過的好事……他們可以留住好的回憶，放下壞的回憶。」相反的，使用較多沉浸式語言的孩童，創傷後壓力症狀的發生率較高，面對喪親之痛也較常出現迴避和不健康的因應方式。有個孩子的話讓人心碎：「我還是會想到那個畫面——他臨終時的樣子。我真希望他不用承受痛苦。我很難過他那樣死去。」

這些發現全都顯示，只是稍微轉換我們內省時的自稱，就能影響我們在各種領域控制小對話的能力。既然這個工具有那麼多好處，我們想進一步尋找是否還有其他類型的抽離式自我對話，能對幫助人們處理情緒。我和同事發現，確實還有更多這樣的轉換，只不過這些轉換非常細微，而且太過普遍，我們幾乎不會察覺。

把經驗常態化

我在收到恐嚇信後經歷了小對話風暴，一直到我用自己的名字自稱才止歇，不過在過程中，我曾經有一刻感到緩解：和我見面的警員告訴我，這類威脅其實對工作上必須面對大眾的人很常見，而且幾乎都會平安無事的過去。當時我深陷於威脅思維——那封信感覺一**點也不像**讓人興奮的挑戰——因此這個資訊並未消除我的恐懼，但確實為我提供了一線希望。

它讓我覺得自己不那麼孤單。

把經驗**常態化**（normalize）能帶來強大的心理慰藉，因為你知道自己正在經歷的事情並不獨特，而是所有人都會經歷的——不管多麼令人不悅，它就是人生的一部分。我們經歷悲痛、感情變質、職涯挫敗、教養難題或其他逆境時，往往會覺得非常孤單，因為我們聚焦在自己的問題上。然而當我們與他人交談，發現別人也曾面對類似挑戰時，就會意識到儘管問題很艱難，它同樣會發生在別人身上，這會立刻改變我們的觀點。如果別人熬過了這個難關，我們的內在對話會這樣推想，那我也可以。原來，感覺很特殊的事情，其實很平凡。這樣的認知能帶來慰藉。

那麼，如果不透過聽別人克服逆境的故事，或是透過別人的專業協助而常態化自己的經驗，我們能不能透過某種形式的抽離式自我對話，達到同樣效果？有沒有可能，語言結構中本身就有某個部分，能幫助我們以更普世的方式思考自己的個人經驗？

二〇一五年五月，臉書營運長桑德伯格（Sheryl Sandberg）的丈夫、矽谷創業家大維·高柏（Dave Goldberg）在墨西哥度假時，在跑步機上發生意外，悲劇性的猝逝。桑德伯格大受打擊。她與高柏共享的生活消失了，彷彿自己的未來被硬生生奪走。丈夫死後，她尋找各種方法抵擋快淹沒她的強烈哀傷。她開始寫日記，記錄自己正在經歷的事情——這個選擇很合理，如我們所知，表達性書寫能創造有益的情感距離。然而，桑德伯格在不只一篇日記中使用的文字有一個耐人尋味之處。她把這則日記貼在臉書上，請注意貼文中的確切用語（重點是我加上的）：

> 我想，當悲劇發生時，也提供了一個選擇。你可以臣服於虛空，臣服於那充滿**你的**肺腑、限縮**你的**思考或甚至呼吸能力的空洞。或者，你也可

以試著找到意義。

乍看之下，她一再用第二人稱的「你」和「你的」也許有點奇怪。她在寫的是最痛苦的經驗，卻沒有使用敘述個人經驗時最自然的第一人稱。反之，她仰賴的字是「你」，但不是我們先前談過的，用跟別人說話的方式稱呼自己。她使用第二人稱，是為了呼應她的困境的普世性質。她彷彿在說，「**任何人**都可能臣服於虛空，臣服於那充滿**每個人**的肺腑、限縮**每個人**的思考或甚至呼吸能力的空洞。或者，**任何人**也都可以試著找到意義。」

桑德伯格不是唯一這樣用第二人稱的人。我們四周隨處可見相似的用法，在日常對話中、在談話節目與廣播節目上、在歌詞裡。一但注意到這個現象，你也可以注意到運動員談論出賽失利的訪談，或政治人物談及困境時，也會運用第二人稱，以更寬廣的方式談論自身經驗。

問題是，我們為什麼會這樣做。我們為什麼以通常用來指稱旁人的「你」來談論自身深刻的情感經驗？我和同事格爾曼（Susan Gelman）、奧爾維（Ariana Orvell）稱這種用法為「通用第二人稱」（generic "you"）或「普世第二人稱」（universal "you"）。我們發現這是創造心理距離的另一種語言技巧。

首先，我們知道一般人運用「通用第二人稱」來談論適用於所有人的常規，而非個人偏好。舉例來說，如果有個小孩拿起一支鉛筆問，「你用這個做什麼？」大人通常會回答：「你用它來寫字」（而不是「我用它來寫字」）。相對的，如果同一個小孩拿起一支鉛筆問：「你喜歡用這個做什麼？」大人通常會以比較個人的第一人稱回答：「我用它來寫字。」換句話說，第二人稱的通用，能讓我們談論事物的一般運作，不是我們特有的個人傾向。

我們也知道，人會使用通用第二人稱來理解負面經驗，把困難的事件想成不獨屬於自己，而是生命普遍的特質，一如桑德伯格那則貼文。舉例而言，我們在一項研究中指示參與者在腦中重演負面經驗，或是想可以從那個事件學到什麼。參與者試圖從負面經驗中學習時，使用通用第二人稱的情形，比只是重演往事的參與者多了近五倍。這個用語將他們個人遭遇的逆境與世界普遍的運作法則連結起來。被要求從經驗中學習的參與者寫下的陳述是「當你退一步、冷靜下來，有時候可以從不同的角度看到事情，」或是「其實你可以從與你觀點不同的人身上學到很多。」

在我們陷入小對話的泥沼時，常態化能為我們提供更寬廣的觀點，幫助我們透過經驗學到教訓，有助於改善心情。換句話說，我們在語言中使用通用第二人稱並不是毫無邏輯的，它是人類語言提供的一種情緒管理工具。

✧ ✧ ✧

所以後來呢，在我對自己說話、終於睡著之後？

隔天早晨我醒來，生活回歸正常。早餐時，我和太太閒聊她那天的計畫，跟女兒玩了一下之後出門上班，重拾過去三天被我忽略的學生和研究。抽離式自我對話徹底改變了我管理小對話的能力。折磨我的人彷彿發現我的心情不再受影響，從此再也沒有來騷擾我。然而，有個令人不安的念頭卻揮之不去。

收到那封信後，我在反芻思考最嚴重的時候和不少人談過。我向外求援。無一例外的，我和朋友、家人與同事的談話總讓我覺得受到支持。但是它們沒有讓我對自己的處境比較安心。這些談話未能像抽離式自我對話一樣，安撫我的內在對話。

會產生這個差異的原因，就讓我們來討論人類心智的另一個大謎團。就像內在對話，他人的角色可以是對我們極有價值的資產，但更常的情況是，別人也可能成為風險與負擔。

5

內在對話如何影響人際關係

接受與提供幫助都是學問，避免一起掉入情緒陷阱，有建設性地拉自己與別人一把二〇〇八年二月的某個星期四，悲劇迅速而無預警地降臨北伊利諾大學（Northern Illinois University）。有精神病史的二十七歲男子卡茲米爾札克（Steven Kazmierczak）踢開演講廳的門，裡面正在上地質課。他帶了一枝獵槍與三把手槍，踏上講台。教授正在授課，課堂上的一一九名學生先是困惑、接著不可置信，最後恐懼地目睹這名不速之客用獵槍朝自己掃射，又向教授開火，接著再度對他們開槍。用不同槍枝發射超過五十發子彈後，他把槍口轉向自己，飲彈自殺，結束了他的暴行。幾分鐘後，警察抵達慘不忍睹的現場。不含卡茲米爾札克在內，共有二十一人受傷，五人死亡。大學校園所在的小城迪卡爾布（DeKalb）受到重創。

悲劇發生後，當地社區舉行民眾可參加的守夜活動，但許多學生選擇在網路上抒發感受，在臉書和紀念網站上貼文，並用即時通訊軟體談論發生的事情。

在迪卡爾布南邊一七〇英里外的伊利諾大學香檳分校，心理學家維克里（Amanda Vicary）和弗拉里（R. Chris Fraley）為北伊利諾大學的慘劇感到心碎，但他們也想進一步推展進行中的研究，了解哀傷與情感的即時分享。科學研究有時需要探究人們最痛苦的經歷，才能得知如何幫助人們度過這類事件的珍貴資訊。這份工作需要細膩的感受和同理心，也要相信科學方法，以及科學能產生洞見、幫助更多人的潛力。這就是維克里和弗拉里在迪卡爾布槍擊案後給自己的工作。

首先，他們廣發電子郵件給北伊利諾大學的學生，邀請學生參與研究，追蹤自己如何因應校園槍擊事件。十個月前，另一名槍手在維吉尼亞理工大學犯下恐怖暴行，造成三十二人死亡，將社區推入悲傷的深淵。維克里和弗拉里也在攻擊事件後不久聯繫了維吉尼亞理工大學的一群學生。現在他們有兩組樣本可以匯整了解倖存者如何從事件導致的混亂情緒中復原。

槍擊事件的兩週後，兩組樣本中有大約四分之三的學生展現出憂鬱或創傷後壓力症狀，這是可預期的，多數學生正在面對人生中最令人不安的經驗。伊利諾和維吉尼亞的學生經歷的，是會動搖世界觀的重大悲劇。發生這種事，有些人會為了減少痛苦而避免想起創傷記憶，有些人會主動嘗試釐清自己的感受，其中一個主要的方法就是與他人溝通，學生也確實這麼做。有八九％的學生加入臉書群組談論事件並閱讀相關資訊。另一方面，有七八％的學生選擇在網路上談論事件，七四％則透過手機簡訊。

多數學生認為這種釋放小對話的方式能提供慰藉，對也在經歷相似經驗的人抒發想法和感受，這就是一種常態化。正如一名維吉尼亞理工大學的學生所說，「我感覺寂寞時，可以上臉書或傳即時訊息給某人，感覺自己與人多了那麼一點連結。」

這些發現都不讓人意外。我們知道人在經歷小對話時，本能會想跟人分享自己的思緒，而社群媒體和其他形式的虛擬連結，為分享提供了方便的管道。讓人意外的是維克里和弗拉里在槍擊案後兩個月的發現。

雖然兩所大學的學生都以為對別人抒發情緒會讓自己心情變好，但是他們分享的多寡並未實際影響他們的憂鬱程度和創傷後壓力症狀。

也就是說，所有的抒發、寫作、與人連結和回憶——通通沒有幫助。

從亞里斯多德到佛洛依德

北伊利諾大學槍擊案那年發表的一項相關研究，觀察了九一一恐攻之後、具全國代表性的美國居民樣本的情感恢復力。研究者檢視全美各地超過兩千人在世貿雙塔倒下後的十天內，是否選擇表達他們對九一一事件的感受，並在接下來兩年追蹤參與者的生理和心理健康。他們研究的是很複雜的人類行為領域，但是他們的問題很簡單：分享情緒是否會影響我們長時間的感受？

他們的結論，與維克里和弗拉里的發現出奇地一致。

在九一一發生後馬上分享思緒和感受的人，並沒有感覺比較好。事實上，整體而言，他們的情況比研究中沒有坦然談論感受的人**還差**。他們更常出現小對話，也更常採取迴避的因應方式。不僅如此，在選擇表達感受的人當中，分享最多的人整體痛苦程度最高，生理健康也是最差的。

再一次的，分享情緒不但沒有幫助，在這個例子裡反而有害。

當然，這兩次大學槍擊案和九一一恐攻都是罕見的極端暴力事件，你可能會認為，發生悲慘事件之後與別人分享情緒沒幫助，但其他情況會有幫助。那我們就要回頭看比利時心理學家里梅的研究了。

請回想里梅在人類行為中發現的根本模式。人在難過沮喪時，會有強烈動機想與別人分享自己的感受，情緒就像噴射機燃料，推動我們和他人談論在我們腦中流動的想法和感受。但是在此發現之外，他還有另一個更讓人意外的重要發現，確認了前述關於重大悲劇情感後遺症的研究並非特例。

里梅在多項研究中發現，**與他人談論自己的負面經驗，不會幫助我們以任何有意義的方式復原**。當然，與旁人分享情緒會讓我們感覺與傾訴的對象更親近，感覺受到支持。但我們多數人交談和聆聽的方式，對於減少小對話的助益很小，反而經常讓小對話更惡化。

里梅與許多人的發現，與傳統看法完全衝突。大眾文化往往告訴我們，談一談能讓你比較好受。許多自助書和身邊的人都這樣告訴我們。我們常聽到，宣洩情緒是健康的，給予別人支持也是必要的。事情沒這麼簡單，不過我們會有這樣的認知也有原因。

和他人談論負面情緒有益自身，並不是新觀念。兩千多年來，這個想法一直是西方文化的一部分。最早的提倡者之一是亞里斯多德，他提出人在目睹悲慘事件後需要抒發情感，並稱此過程為「淨化」（catharsis）。但是這種作法的影響力要到兩千年後才會大幅擴散。

一八九〇年代晚期的歐洲，現代心理學開始蓬勃發展，佛洛依德和他的導師布魯爾（Josef Breuer）重拾亞里斯多德的論述，主張通往健全心理的途徑，就是把內在生活的黑暗痛苦攤在陽光下。我們可以想像這是一種情緒的水力學模式：強烈情感需要被釋放，就像蒸氣會從燒開的水壺中溢出。

這些文化使我們從小就習慣和他人談論自己的情感，但事實上，宣洩內在對話的傾向，在更早的發展階段就已植入我們腦中——當我們還是流著口水、哇哇大哭的嬰兒時。

新生兒無法照顧自己或管理情緒，通常只能像個小報喪女妖般嚎啕大哭（至少我女兒是這樣），讓照顧者知道自己的不適。當需求滿足、威脅感解除後，我們的生理激發程度便回歸正常。這個過程會建立嬰兒對照顧者的依戀，照顧者經常會對寶寶說話，即使嬰兒還不懂語言。

隨著時間過去，我們快速發展的大腦習得語言，大量吸收照顧者告訴我們的事，包括因果關係，以及如何解決問題、處理情緒。這不僅讓我們學習管理自身情緒，也提供了與他人談論自身經驗時需要的說故事工具。這是為什麼我們的溝通時常會參雜內心的小對話，以及為什麼我們會想把小對話說給別人聽尋求他人支持。

幸好，他人的支持經常造成反效果是有原因的，我們也有方法避免這個現象。他人可以是幫助我們壓抑小對話的寶貴工具，我們也能給別人相同的幫助。但是和所有工具一樣，我們必須知道如何正確使用才能從中受益，而在付出與接受支持上，要獲得正確使用知識，就得從了解人類的兩個基本需求開始。

共同芻思會啟動負面情緒的骨牌效應

我們沮喪難過，感覺脆弱、受傷或難以承受時，會想發洩情緒，得到別人的安慰、認同與理解。這提供了立即的安全感和連結感，滿足我們想要歸屬感的基本需求。因此，當我們陷入負面的內在對話時，第一個反應通常是透過他人滿足我們的**情感需求**。

我們往往認為「戰或逃」是人類面對威脅時的主要防禦反應。面對壓力時，我們會逃避或準備迎戰。這確實是一般人的傾向，但研究者也記錄到許多人面對威脅時的另一種壓力反應系統：「照料和結盟」（tend and befriend）反應。他們會尋求他人給予支持和照顧。

從演化觀點來看，這種反應具有價值，因為兩個人比一個人更可能抵擋獵食者；資源不足時，結盟成群能帶來具體優勢。研究也顯示在壓力下與他人結盟能提供安全感與連結感，引發一連串減壓的生物化學反應，包括自然產生的類鴉片物質，和有「擁抱荷爾蒙」之稱的催產素，同時也滿足了人類的歸屬感需求。當然，我們與他人結盟的主要方式就是說話。透過別人的積極聆聽與展現同理心，我們分享小對話時就可以滿足這些需求。需求獲得滿足的當下感覺很好，帶來了某種慰藉。但這只是等式的一邊。因為我們還必須滿足**認知需求**。

我們腦中出現小對話時，代表我們正在面對必須解決的問題。恣意橫行的內在對話限制了我們，所以我們有時需要外部協助才能釐清問題，看見大局，決定最有建設性的行動方案。這些都不是單靠支持者的關懷和聆聽能解決的。我們往往需要旁人幫助我們抽離，將正在經歷的事件常態化，進而改變思考方式。這些才能幫助我們冷靜下來，走出反芻思考的死胡同，將內在對話重新轉向。

然而，這正是為什麼向別人訴說自己的情緒經常會得到反效果。當我們的心智沉浸在小對話中，會傾向滿足情感需求而非認知需求。換句話說，**我們難過時往往會過度專注於獲得同理，而非尋找實際解決方案**。

如果考慮等式另一邊的支持者，這個困境又會變得更複雜：我們尋求幫助的對象會給予相對回應，將我們的情感需求放在認知需求之前。他們看到我們很痛苦，會先努力提供我們關愛和認同。這是很自然的關懷表現，有時也有很好的短期效果。但即使我們傳達出想得到更多認知協助的訊息，研究顯示，我們的交談對象往往會錯過那些線索。有一組實驗證明，即使明確要求支持者提供具體建議，他們仍相信處理情感需求比較重要。事實上，我們滿足那些情感需求的努力，最後往往適得其反，讓朋友感覺更難受。

讓我們來看看為什麼談話會出錯。

為了提供情感支持，支持者通常會想問清楚到底發生了什麼事——是誰、什麼事、什麼時候、在哪裡、為什麼。他們會要我們描述當時的感受，細訴發生的一切。我們敘述事件時，對方可能會點頭並表示同理，但這通常會讓我們重新經歷當初驅使我們尋求幫助的感受和經驗，這個現象稱為共同芻思（co-rumination）。

共同芻思就是讓支持轉變為慫恿煽動的關鍵點。關心我們的人鼓勵我們多談論負面經驗，導致我們更沮喪難過，又讓他們問更多問題。惡性循環隨之啟動，很容易就把人吸進去，尤其是因為這個循環是出自於善意。

實際上，共同芻思相當於在熊熊燃燒的內在對話上添柴火。一再重述會喚起不愉快的感覺，讓我們持續陷在負面思考中。別人以這種方式和我們互動，可能讓我們有更深的連結和感受到支持，但是無助於產生計畫或是以創意方式重新看待問題。反之，這種互動會激起負面情緒和威脅生理反應。

平日健全的支持關係會變成有害的共同芻思，是因為我們情緒化的內在對話，並不像佛洛依德、亞里斯多德和傳統智慧認為的水力系統。釋放蒸汽不會緩解內在累積的壓力。內在對話其實更像是骨牌遊戲。

當我們聚焦在經驗的某個負面部分，就很容易引發其他相關的負面想法，然後引發又一個、再一個，如此持續下去。這些骨牌就這樣一個撞倒一個，而且骨牌無限供應。這是因為我們對情感經驗的記憶是由聯想法則（associationism）主導，相關的概念在我們的心智中是互相串連的。

為了說明這個觀念，請你想像一隻貓。讀到「貓」這個字時，你可能想起自己熟知或見過的貓，或是在腦中回想牠們的樣子。但你也可能會想到貓咪的呼嚕聲和柔軟的毛，若你和我一樣對貓過敏，可能還會想到止不住的噴嚏。現在，把這個聯想式的神經骨牌效應應用到談論自己的情緒上。這表示當親朋好友請我們細述自己的困擾，我們也會聯想到相關的負面思緒、想法和經驗，再次活化糟糕的感受。

記憶聯想的本質，加上我們難過時會將情感需求放在認知需求之前的偏誤，解釋了為什麼與人談話往往無法將負面內在對話，轉化為比較平靜的狀態。這可能也可以解釋，槍擊案後主動與人分享思緒和感受的北伊利諾大學和維吉尼亞理工大學學生，為什麼沒有因此獲得任何可測量的長期好處。這也是為什麼在前述的全國調查中，九一一恐攻後分享感受的人，最後可能為更多生理與精神疾病所苦。

當然，這一切都引發一個更迫切的問題：有什麼方法可以解決共同芻思導致我們感覺更差？

寇克艦長還是史巴克？

在心理學界，我們在談情緒與認知之間（感受與思想之間）的拉鋸關係時，經常使用一種簡略的表達，那就是《星艦迷航記》（*Star Trek*）中寇克艦長（Captain Kirk）與大副史巴克（Spock）的角色。寇克是感性腦，情感強烈而鼓動人心。他就像是火。相對的，備受喜愛、一對尖耳、半人半瓦肯人的史巴克則是理性腦；他是思考型的問題解決者，不授情緒干擾。他就像是冰。

避免反芻思考的關鍵，就是將星艦「企業號」的這兩名船員結合起來。支持他人時，我們需要同時提供寇克的關懷和史巴克的智慧。

最有效的語言交流，能同時滿足社會與認知需求。理想的對談者要能同理對方的感受和想法，但是接著要協助對方認清自己的處境。這種方式的好處在於，你能讓難過沮喪的人感覺受到認同、與人有連結，又可以提供能改變觀點的建議，這是只有不受小對話影響的旁觀者才能提供的協助。事實上，後面這項任務極為關鍵，能幫助人們駕馭自己的內在對話，長期可以減少小對話。

當然，在我們為身邊的人提供支持，幫助他們轉換觀點，時間也是很重要的關鍵。研究一致顯示，人在情緒最激動的情緒高峰時，比較不願意調整自己的認知、重新看待這些感受，理智往往之後才會介入。這就牽涉到與他人談話時的技巧了，因為你必須像走鋼索一樣小心翼翼，才能引導沮喪難過的人從處理自己的情感需求，轉而面對較實際的認知需求。

如何保持這種微妙的平衡，早在數十年前的紐約市警局人質談判小組就有紀錄了。小組的成立起源於七〇年代早期的紐約市和全球發生的一連串慘案，例如一九七一年的阿蒂卡（Attica）監獄暴亂，一九七二年慕尼黑奧運屠殺案，和電影《熱天午後》（*Dog Day Afternoon*）所描繪的一九七二年布魯克林銀行搶案。警員暨臨床心理學者史羅斯博格（Harvey Schlossberg）受命為新成立的小組寫指導手冊，小組後來的非正式座右銘正是「跟我談談」（Talk to me）。史羅斯博格在指導手冊中除了把同理心的談判放在使用武力之前，他也強調耐心。一但挾持者了解自己沒有立即危險，他們本能的威脅反應（應該）就會緩解，負面內在對話也會減少，讓談判專家得以將對話導向化解對峙。

紐約市警局人質談判小組開始運行後，該市以悲劇收場的人質事件立刻減少了。在這項突破的激勵下，包括FBI聯邦調查局在內的全球執法單位紛紛仿效。FBI更發展出自己的方法，稱為「行為改變階梯模式」（Behavioral Change Stairway Model），透過漸進式步驟引導談判者：積極聆聽→同理→建立投契關係→影響→行為改變。基本上，這個過程就是先滿足對方的社會與情感需求，再慢慢把對方導向以認知能力找到解決方案。執法單位的談判專家的目的是化解危機並逮補罪犯，但他們的工作其實也很像我們從旁引導親友克服困難。在兩個情況中，正確的言語支持都能使人獲益。

這些策略都能幫助你身邊的人管理內在對話，也可以在你決定該向誰尋求情感支援時，協助你做出較好選擇。你想找的人，在給予認同與理解之後，是否會引導你一起腦力激盪，尋找務實的解決之道？還是他們會過度詳究細節，一再重複像這樣的話：「他真是個混蛋！我不敢相信他會做出那種事。」讓你再次想起難受的經驗？你可以透過事後回想，判斷某人是幫你更陷入其中，還是更能抽離。很可能兩者皆有，你可以以此為起點，與對方討論下次可以如何改變會更有幫助。仔細回想你與「小對話顧問」的其他經驗，也能讓你進一步釐清哪些人適合哪種問題。

有些朋友、同事與親人在各種情感逆境中都能幫上忙，但碰到比較特殊的問題時，找某些特定的人或許幫助更大。你的哥哥可能是引導你度過家庭問題的最佳人選（也可能不是）。你的另一半也許是關於職涯挑戰最好的小對話顧問，也可能是公司裡另一個部門的某個同事。研究顯示，開拓多樣的支持來源、不同的需求找不同的人尋求幫助，可以獲得最大好處。最重要的是，在引發小對話的事件發生後進行批判性思考，想想誰有幫上忙或沒幫上忙。這就是建立小對話顧問群的方法，而在網際網路時代，我們可以在網路上找到前所未有的新資源。

一個強而有力的例子是新聞記者、性專欄作家與同志平權人士薩維奇（Dan Savage）和他的伴侶米勒（Terry Miller）的故事。二〇一〇年九月，又發生同志少年遭無情霸凌而自殺的新聞，他們想要回應。十五歲的路卡斯（Billy Lucas）在印第安納州格林斯堡（Greensburg）外婆家的穀倉自縊身亡。薩維奇在部落格寫到路卡斯之死，有讀者留言表示，真希望有機會告訴男孩，一切都會變好的。留言促使薩維奇與米勒拍了一支影片，談到自己經歷痛苦的青少年時期，但成年後過著充滿愛和歸屬感的生活。影片發表後不到一週就在網路瘋傳。數千人拍了相似的影片，美國各地的同志青少年寫信給薩維奇，告訴他這些訊息讓他們看見希望。

十年後，在我寫書之際，當初促使他們拍第一支影片的信念，早已發展成超越瘋傳一時的現象。「會變好的」計畫（It Gets Better）如今是非營利組織與全球草根運動。超過七萬人分享他們激勵人心的故事，有六十多萬人承諾支持，還有無數年輕同志因此找到慰藉與力量，也找到了理由，不讓自己在人生還沒真正開始前就結束生命。「會變好的」計畫拯救了許多情緒脆弱者的內在對話，它是一種抽離、能促進常態化（每個人都會被欺負，但我們都能熬過去），也是一種心智時光旅行。最有意思的是，看影片的人不需要認識其中的人，也能因為他們的建議而受益，這個原則適用於網路上各種類似的社會支持影片。透過陌生人的影片，我們也能找到引導我們克服小對話的人。

我們在討論小對話發生時該向誰尋求支持、對方如何與我們互動時，也讓我們想問，那心理治療真正的效果如何？因為心理治療顯然牽涉到大量談話，我們有時會把心理治療稱為談話治療（talking cure），這個過程真的有療效嗎？

首先，我們要記得談話療法有無數種形式，而且方法往往很不同。許多經過實證檢驗的治療形式，例如認知行為治療，使用的正是我們在本章中談論的技巧，這些療法為當事人提供情感支持，同時協助當事人實際解決問題。

不過，有些治療方法仍然是透過深度的情緒發洩來緩解小對話。例如心理晤談（psychological debriefing）就強調負面經驗後立即的情感宣洩，儘管有無數證據顯示這樣並無好處。既然你現在已經有更多了解，如果有天你發現自己在處理小對話時，需要的不只是與朋友或家人談談，也可以與你未來的心理醫生聊一聊，了解他們的治療方針，並了解這樣的方式是否受到實證研究支持。

隱形的支持

我們目前為止探索的情況都與當事人尋求支持有關。然而，我們都認識為小對話所苦，但不見得會求助的人。或許他們想靠自己處理問題，或許是擔心求助會影響別人怎麼看他們，或是他們怎麼看自己。但我們通常還是想幫忙。看到自己關心的人需要幫助，是很強烈的神經生理經驗，會激發同理心，驅動我們採取行動。

在這樣的情況下，我們仍須謹慎為上。研究顯示，試圖給人不請自來的建議，不論你多麼善於融合寇克與史巴克的長處，都有危險。建議若不適時，也可能造成反效果。

想一想這個很多人都有過的經驗：家長在孩子絞盡腦汁解數學題的時候告訴他怎麼做。家長認真的看著題目，一心認為孩子只需要耐心清楚的說明，就能做好習題，提升自我感覺。這是認知型的解決方案，應該帶來正面情緒，對吧？問題是實際情況並非如此。家長一邊解釋，孩子一邊變得不悅而煩躁。清楚的數學邏輯不知為何消失在情緒的雜音中，爭吵爆發。

「我知道怎麼做！」孩子說。

「可是你明明碰到困難，所以我才試著幫忙。」家長回答。

「我不需要你幫忙！」

孩子氣沖沖的回到自己房間。家長一頭霧水。這是怎麼回事？

（這可能是作者自身經驗，也可能不是。）

沒有考慮對方的需要就提供建議，可能減低一個人感覺到的**自我效能**（**self-efficacy**），也就是自己可以克服挑戰的重要信念。換句話說，我們察覺到別人在幫助我們，但我們並未尋求協助時，會解讀為自己一定是有哪裡很無助或沒用，這時我們內在的小對話就可能趁勢而起。心理學針對自我效能漫長的研究歷史顯示，自我效能減弱時，損害的不僅是我們的自尊，還有健康、決策能力與人際關係。

一九九〇年代晚期，哥倫比亞大學心理學家博爾傑（Niall Bolger）與同事利用紐約律師資格考試的機會，檢視什麼時候為他人提供支持最有效。律師和他們身邊的人都知道，資格考困難無比，非常容易誘發小對話。博爾傑招募的對象是其中一人正在準備資格考的情侶或夫妻，在大約一個月期間，請考生回答有關焦慮和憂鬱程度的問題，以及他們從伴侶身上獲得多少支持。他也請考生的伴侶回報自己提供了多少支持。博爾傑特別想知道的是，一個人透過社會支持獲得的好處，是否取決於有沒有察覺到伴侶想幫忙。

這項研究揭露，**隱形支持**（**invisible support**），也就是接受者並未察覺的協助，正是支持別人，又不至讓對方為自己缺乏獨立應付能力而感受不好的方法。接受間接協助的考生比較不憂鬱。在實務上，這可以是暗中提供的任何的實際支持，例如對方沒開口就把家事做好，或是創造更多可讓對方安靜工作的空間。也或許是有技巧地提供視野較寬廣的建議，但不會讓對方察覺是說給自己聽的。例如，在需要支持的朋友或家人在場時，尋求旁人的意見，而這些意見是朋友或家人可能用得上的（一種隱形的建議），或是談論其他人如何應對類似經驗，藉此將某個經驗常態化。這樣做能傳達對方需要的資訊與支持，又不會把聚光燈打在情緒脆弱的對方看似不足之處。

博爾傑的第一個實驗開啟了這個領域的研究，後來的其他研究也一致驗證了隱形支持的效用。例如針對婚姻的一項研究發現，伴侶在獲得隱形支持的次日，對關係的滿意度比較高。另一個實驗發現，如果伴侶默默提供支持，想要自我提升的人比較可能達到目標。

進一步研究發現，隱形支持在某些特定情況最有效：在對方正在接受評估、或準備接受評估的時候。例如備考、準備面試、演練簡報重點，人在這些時候感覺格外脆弱。

相反的，如果對方想要以最快最有效的方式控管小對話，你提供支持的方式就不需要太低調或講究技巧。在這種情況，結合了寇克與史巴克特色的直接建議可能是最必要、最合適，也最有可能成功。

除了上述各種隱形支持之外，要適時地幫助陷入小對話的親朋好友，還有另一個方法，這個方法完全不牽涉語言：**親密的撫觸**。

觸摸其實是我們幫助最關心的人扭轉小對話，最基本的一種工具。觸摸和語言一樣，從嬰兒期開始就與我們的情緒管理能力不可分離，因為我們自出生那一刻起，照顧者就以親密的身體接觸安撫我們。研究顯示，人感受到親近之人溫暖的撫觸或擁抱時，往往會感覺自己是安全、被愛與受到支持的。我們認識而信任之人帶著關懷的身體接觸，會降低我們的生理威脅反應，改善應對壓力的能力，提升關係滿意度，減少孤單的感覺。這種接觸也能啟動大腦的獎勵迴路，釋放催產素與腦內啡等緩解壓力的神經化學物質。

善意的撫觸力量非常強大，甚至有研究發現，只是輕觸肩頭一秒就足以讓自尊偏低的人對死亡的焦慮減低，覺得與他人更有連結。更驚人的是，即使只是觸摸無生命的物品，例如泰迪熊，都可以帶來好處。這很可能是因為大腦把接觸填充玩具，解讀為類似人際間的觸摸。許多科學家認為皮膚是一種社交器官，從這層意義而言，我們與其他人的接觸是一種不斷發生的非語言對話，對我們的情緒有益。我們日常互動中的付出與接受，為內在對話提供豐富多樣的慰藉。我們對這些方法也有更多的科學發現，不過，要運用在我們關愛之人身上，還是一門學問，更需要練習。

✧ ✧ ✧

說到底，我們與他人的對話，與我們和自己的對話沒有太大不同。這些對話可能讓我們感覺更好，也可能更差。我們如何與他人互動，他人如何與我們互動，都會影響小對話的多寡。這樣的現象很可能自人類開始與他人分享問題以來就是如此，只是我們一直到近年才比較了解背後的心理機制。

然而在二十一世紀，人與人的關係開始遷移到對人類而言、以及對我們腦中的小對話而言都很陌生的新環境，也就是北伊利諾大學與維吉尼亞理工大學的學生在悲劇發生後的行為：上網。我們很自然會想問，言語支持的成功或失敗，是否也適用於我們透過社群媒體、簡訊和其他數位溝通形式進行的「對話」？

儘管心理學才剛開始探討這個問題，我們已經看到一些線索。例如在二〇一〇年代中期，為了更了解社群媒體上的共同芻思，我和同事請正在面對負面經驗的人，透過電腦通訊軟體與別人聊天。參與者不知道電腦另一端的人是受訓過的演員，會不著痕跡的影響半數參與者持續談論發生的事件；對另一半參與者，演員則會溫和的鼓勵他們拉遠焦距，看見大局。

果然，受到引導而一再重述感受的參與者在對話中愈來愈難過。從他們在鍵盤前坐下到起身為止，負面情緒一路上升。相對的，在演員協助下拉遠焦距的參與者一直保持平靜、鎮定，與他們剛抵達實驗室的時候一樣。

不管在線上還是線下，我們在尋求或提供支持時往往不會想到，客觀而言，我們生活中的人會形成一個**社會環境**。我們都在學習如何在這個環境中自處，盡可能讓內在對話朝正面發展。我們的環境與生活在其中的人們是不可分割的，如果我們學會將可得的資源運用在人際關係中，帶來的好處將非常可觀。不過，別人的存在只是環境中可以用來改善內在對話的一個面向。

我們也可以出門散散步，聽場音樂會，或收拾家裡，這些看似簡單的行動，都能對我們的小對話產生出奇好的效果。

6

轉換情境，就能自動切換小對話

透過整理環境消化情緒，親近自然可以爲注意力充電，引發敬畏感的經驗能把煩惱縮小

一九六三年，芝加哥住房管理局在該城歷史上以黑人居多的南區，完成一項龐大建案：羅勃泰勒住宅（Robert Taylor Homes）。這片集合住宅共有二十八棟十六層樓的水泥高樓，是全世界史上最龐大的公共住宅社區。

羅勃泰勒住宅計畫是為了終止愈來愈多社區變成貧民窟，是以當時剛逝世的著名黑人社區領袖與建築師而命名。只可惜最終的產物並沒有榮耀他的記憶，羅勃泰勒住宅不僅強化了主宰芝加哥的種族隔離結構，還加劇了當地社區面臨的挑戰。

到了一九八〇年代，羅勃泰勒住宅已惡名遠播，成為威脅美國數十座城市的問題縮影，充斥著幫派暴力、毒品，以及恐懼不安、健康狀況不佳、權利遭受剝奪的居民。一項偉大而備受吹捧的都市更新計畫，崩毀成為都市衰退的又一例，對非裔美人族群的影響尤甚。

如果你住在羅勃泰勒住宅，不必看電視或報紙才能見證二十世紀後半的美國如何被貧窮與隔離摧殘，你只需要走出公寓看看。不過，在這個充滿犯罪的氛圍下，在居民習以為常的動盪之中，一場開創性的實驗即將登場。

中請入住羅勃泰勒住宅公寓的人，無權決定要住在哪一棟樓。他們會隨機被分配到一戶公寓，就像科學家在實驗中隨機將受試者分組一樣。因此房客從住處看出去的景色通常有很大的差異。有些公寓面對長滿草和樹的中庭，其他公寓看出去則是一面面水泥牆。

一九九〇年代晚期，當時剛成為伊利諾大學助理教授的郭博士（Ming Kuo）看見了特別的機會。一頭深色短髮，戴眼鏡，有著溫暖微笑的郭博士洞察力十足，她想了解居民的實體環境是否會影響他們在毒品與犯罪充斥的日常中，應對壓力的能力。她和許多科學家一樣，開始注意到愈來愈多研究顯示綠地景觀與高復原力之間的關係。

在一項有趣的研究中，環境心理學家歐瑞奇（Roger Ulrich）發現，動完膽囊手術的病人如果分配到面對落葉樹的房間，比房間看出去是磚牆的病人復原得更快，吃的止痛藥比較少，根據照顧他們的護士判斷，病人的情緒韌性也較高。但是生活在這個美國最不友善的城市之一，匆匆看一眼綠色景觀，是否能幫助居民應對生活帶來的情緒動盪，卻仍是個謎。

郭博士得知羅勃泰勒住宅的分配過程後，想進一步檢視自然如何影響人的心智。她與團隊開始造訪各公寓，首先，他們拍下羅勃泰勒住宅十八棟公寓周圍環境的照片，並且依照每棟的綠地多寡將大樓編碼。接著他們開始挨家挨戶招募家中的女性戶長參與研究。郭博士的團隊在參與者的公寓中進行四十五分鐘的訪談，記錄參與者處理生活重大議題的狀況：是否要回學校唸書、如何保持居家安全、如何養育小孩。他們也測量參與者看到一串數字後能記得和運用多少數字，藉此評估注意力的集中度。

郭博士和她的團隊分析資料後發現，住在有綠景公寓的住戶，注意力的集中程度明顯高於公寓只能看到荒蕪都市景觀的住戶。他們面對困難決定也較少拖延，且比較不會認為自己無法克服阻礙。換句話說，他們的行為比較正面，思緒比較平穩和挑戰導向。郭博士的發現還顯示，羅勃泰勒住宅居民的行為與思維比較正面，正是因為他們比較容易集中注意力。樹木與綠地的作用似乎就像心智維他命，補給他們應對壓力源的能力。

事實證明，郭博士的發現不是單一特例，後來出現了更多有關綠意景觀的發現。例如，科學家蒐集十八年間超過一萬名英國人的資料，發現生活在較多綠意空間的都市人，痛苦程度較低、幸福程度較高。另一方面，二〇一五年針對加拿大多倫多的高解析度衛星影像研究則顯示，一條城市街區只需要多十棵樹，人們健康改善的程度就相當於年收入增加一萬美金或年輕七歲。最後，有一項研究以英國所有退休年齡以下人口（大約四千一百萬人）為對象，發現接觸綠地能緩解貧窮對健康造成的許多有害影響。誇張一點的換句話說，綠地似乎是優秀治療師、抗老靈藥與免疫系統強化劑的綜合體。

這些發現開啟了一個迷人的可能性：我們的內在對話會受日常活動的實體空間所影響。如果我們與周圍環境互動時做出明智選擇，環境就可以幫助我們控制內在對話。要了解怎麼做，我們首先需要知道自己會受自然的哪些面向所吸引。

自然的力量

從某種意義而言，郭博士在芝加哥羅勃泰勒公寓進行的研究，或是歐瑞奇針對膽囊手術患者的研究，都不是最早的相關研究。真正的源頭應該始於一對科學家夫婦，他們很好奇人類心智與自然界的互動。

一九七〇年代，密西根大學心理學家史蒂芬與瑞秋·卡普蘭（Stephen and Rachel Kaplan）夫婦提出一個有趣的想法：大自然就像某種電池，能為人類大腦有限的注意力儲量重新充電。他們稱為注意力恢復理論（attention restoration theory）。

當然，多數人都知道如畫的夕陽、山景、林中散步或在海灘度過一天，通常會讓人感受很好，但還有其他效果嗎？卡普蘭夫婦認為有，原因是奠定美國現代心理學的先驅詹姆斯（William James）在一百多年前提出的人類注意力理論。詹姆斯將人類的注意力分為兩個類別：自主與不自主。

我們不自主的注意某個事物時，是因為那個事物本身有某種吸引人的特質，能不費力的吸引關注。在真實情境中，假設你在城裡漫步時，一位出色的樂手在街角演奏，你感覺自己注意到聲音，朝聲音走去，駐足聆聽幾分鐘（接著也許丟些錢到樂器盒中才繼續往前走）。你的注意力被溫和的抓住了，卡普蘭稱此為「軟引力」（soft fascination）。

相對的，自主注意全憑我們的個人意志。這是人類能隨心所欲將注意力集中到任何事物上的驚人能力，專注的焦點可能是困難的數學題，或我們不想再反覆思考的困境。自主注意很容易疲乏，需要持續充電，不自主注意則相對沒那麼耗費大腦的有限資源。

卡普蘭夫婦相信，大自然會抓住我們的不自主注意，因為它充滿了軟引力，讓我們的潛意識不經意地被吸引。自然界充滿了大樹、細緻的植物和小動物等等藝術品，輕巧的抓住我們的注意力。我們看見這些自然事物可能會靠近它們，就像街角那名樂手，更仔細欣賞，但我們不會像背誦演講稿或是在交通繁忙的城市中開車時那樣集中注意力。那類的活動會耗盡我們的執行功能電池，而輕鬆的吸收自然之美則有相反的效果：讓我們自主注意力的神經資源可以休息充電。

郭博士和同事後來在芝加哥進行的研究，對卡普蘭夫婦的想法實行嚴謹的測試，我們在前文已經看到，他們得到了有力的支持證據。其他實驗也同樣顯示了自然的力量。

二〇〇七年，有一項經典實驗在安娜堡進行，離我家只有幾條街的距離。當時，博曼（Marc Berman）和同事邀參與者到實驗室接受非常考驗注意力的困難測試：在聽到從三到九位數不等的幾組數字之後，他們必須複述這些數字，但是要把數字**倒過來**。接著，半數參與者去當地植物園散步約一小時，另一半參與者則沿著安娜堡市區一條擁擠的街道步行約一小時，然後再回到實驗室，重新做一次注意力測驗。一週後，兩組人對換散步的地點。

實驗結果：參與者的注意力測驗表現在自然漫步後有顯著提升，但是在都市中步行後沒有。自然散步者將數字倒過來重述的能力高很多。參與者是在風景優美的夏季或是暗淡的冬季散步，並不會影響結果。不論在一年中何時，自然漫步都比在都市走路有助於注意力提升。

博曼與同事後來針對其他群體的實驗也複製了這些結果。舉例而言，針對臨床憂鬱症患者的研究顯示，自然漫步改善了他們的認知功能，讓他們感覺更快樂。另一個團隊進行的衛星影像研究有超過九十萬參與者，發現成長過程中最少接觸綠地的兒童，成年後發展出憂鬱與焦慮等心理疾患的風險比其他人高十五％到五五％。這些發現，加上郭博士在芝加哥的研究，在在顯示自然不僅對我們的注意力儲量有好處，對我們的情緒也是如此。

自然會影響情緒有其道理，因為專注力對於我們管理內在對話非常關鍵。畢竟，我們討論的許多抽離技巧都仰賴注意力集中；如果無法專心，我們很難寫日記、在腦中時光旅行、或採取牆上蒼蠅的觀點。不僅如此，將內在對話從困擾我們的事物上轉移開，或是重新看待處境，都無法在執行功能資源耗盡、勉強運轉下做到。郭博士和其他科學家還沒測試過「大自然是否可以直接減少反芻思考」，這就要談到二〇一五年，位於加州帕羅奧圖（Palo Alto）的史丹佛大學的研究。

樹木蓊鬱的帕羅奧圖郊區，與冷硬擁擠的芝加哥大相徑庭，不過還是有幾條繁忙的街道。那裡的研究者設計了一項實驗，邀參與者在人多的街道或史丹佛校園旁的綠地步行九十分鐘。研究結束後，科學家比較參與者的芻思程度時發現，自然漫步組不僅小對話較少，支援反芻思考的大腦區域也較不活躍。

身為在城市出生長大的居民，我想此處有必要停頓片刻。過去兩百年來，人類文明見證了從鄉村到都市的大遷徙，預計到二〇五〇年，全世界六八%的人口都將生活於城市。如果你在都市生活，屬於這一群較難親近自然與綠地的人，你當然不免憂心。我剛知道這個研究時，確實也感到不安。我人生前二十八年都生活在費城和紐約這樣擁擠、水泥建築林立的城市，這是否代表我跟任何有相似都市生活經驗的人，注定都會健康較差、注意力受損、更常反芻思考呢？

還好，答案是否定的。你無需被自然環繞才能「綠化」心智。回想一下，卡普蘭夫婦注意力恢復理論背後的概念是，自然帶給我們的知覺感受，就像大腦的電池一樣。事實上，創造軟引力的視覺特徵，不只在實際接近大自然時才有效果。透過照片和影片與自然世界的間接接觸，也能恢復注意力資源。這表示只要看一眼自然景色的照片或影片，就可以把自然與諸多好處帶到你的都市環境——或任何環境裡。至少對人類心智而言，虛擬的自然還是自然，這實在不可思議。

以二〇一六年發表的一項實驗為例，實驗利用前面提到那種不給充足準備時間的壓力演講任務。事後讓參與者觀看一段六分鐘的影片，內容是附近綠化程度各異的街道。綠化程度最低的那組看的影片是沒有樹木的街道房屋；在程度最高的那組，參與者看的影片是樹木繁茂的街區。相較於看到的影片中綠地景觀最少的人，看到最多自然景觀的人在經歷演講壓力後的恢復能力高了六〇％。

探討自然對心理的益處的多數研究，都聚焦在視覺接觸上。儘管如此，我們沒理由認為其他感官就無法得到這些驚人的效益。二〇一九年的一項研究發現，讓人接觸落雨聲和蟋蟀的叫聲等自然的聲音，能改善參與者在注意力任務上的表現。以聲音形式表達的自然，或許也是一種軟引力。

總而言之，這些發現證實，自然為人類提供了從外而內照顧內在對話的工具，我們接觸自然愈久，健康愈能獲得改善。自然為我們提供指南，讓我們知道如何透過塑造周圍環境來減少小對話。運用新技術也讓我們更容易從中受益。例如博曼與合作者舒瑞茲（Kathryn Schertz）研發了一個應用程式 ReTUNE，全稱是「透過都市自然體驗恢復活力」（Restoring Through Urban Nature Experience）。它整合了芝加哥大學周圍每個街區的綠地、噪音與犯罪頻率資訊，並給予「自然分數」。使用者輸入目的地之後，應用程式就會規畫路線，將這次步行帶來的恢復力最大化，同時也會考慮很實際的因素，例如行人穿越道的數量和步行距離。如果證實有效，下一步就是把應用程式的範圍推廣到更多地方。當然，你不需要應用程式也能在日常生活中多接觸大自然。只要評估你會行經的環境，然後據此修正路線。

我們心智與自然的關係顯示，實體世界可以影響我們內在深處的心理歷程。大自然中許多的軟引力，只是我們獲取這些好處的一種途徑。還有另一個工具能幫助我們控制內在對話，不過這個工具不只存在於周圍的自然世界。我們在音樂會、博物館，甚至看著寶寶第一次走路，都能找到它。

縮小自我

波特（Suzanne Bott）抓起槳爬進橡皮筏時，興奮到身體有點刺刺麻麻的感覺。接下來四天，她將與其他三艘橡皮筏上的人一起沿猶他州閃亮的綠河（Green River）而下。白天，他們將欣賞有如城堡的黃褐色峽谷壁。晚上，他們會圍著閃爍的營火討論那天的冒險。

不管你的初步印象如何，這群人其實不是普通的野外愛好者。他們多數都是有戰鬥經驗的退伍軍人，也有幾個人是九一一恐攻後率先抵達現場的退役消防員。每個人都是看到招募退役者的廣告而來，參加這趟幫助他們親近大自然的免費綠河之旅。不過有個前提：這趟旅程也是一次實驗。話雖如此，參與者要做的只是划槳跟填幾張問卷。

波特是這群人中的異數。她不是曾參與戰鬥的退役軍人，也沒有滅火經驗。二〇〇〇年，她在科羅拉多州立大學花六年取得自然資源管理博士學位後，厭倦了不出版就出局的學院文化。因此她投身再造工作，協助活化小城鎮。但是波特一直沒有忘記，相較於其他許多美國人，包括她在伊拉克擔任資深情報官的兄長在內，自己其實過著舒適的生活。有些人的反芻思考來自他們做過的事情，波特的反芻思考卻來自她沒做的事情。她需要改變。

在美國工作幾年後，波特找到在國務院承包商的工作，支援伊拉克新政府強化對各地的掌控。她在二〇〇七年一月抵達巴格達，被派駐到拉馬迪（Ramadi）一年，這裡在她抵達前一個月才被《時代》雜誌封為「伊拉克最危險的地方」。波特在拉馬迪的多數時間都在為伊拉克新政府發展一項長期過渡策略，與一群海軍陸戰隊員與陸軍工兵密切合作。她每天通勤時穿防彈背心、與悍馬車隊一起行動，還要從車上快跑至建築物內，躲避狙擊。這裡是與舒服安穩的科羅拉多完全不同的世界。

新工作為波特提供了先前缺乏的使命感，卻也將她推到情緒瀕臨崩潰的境地。她經常參加過世同事的悼念儀式，在工作時目睹毫無心理準備的恐怖場面——汽車炸彈、領土爭奪戰、暗殺。血腥與殺戮成為日常的一部分。

二〇一〇年，波特返回美國，小對話淹沒了她。為什麼她活下來，而那麼多同僚死去，這個問題持續困擾著她。親眼目睹的恐怖回憶在她腦中重演，新聞不斷報導伊斯蘭國（ISIS）在她之前生活的地區崛起，又加劇了她的痛苦。二〇一四年，敘利亞的伊斯蘭國份子將她在伊拉克時密切合作的記者佛利（James Foley）斬首，得知消息後，波特腦中的小對話音量攀至高峰。儘管理智告訴她不應該看，她還是看了伊斯蘭國公開在網路上的斬首影片。在那以後，她整個人都變了。然後，她看到泛舟之旅的廣告。

泛舟行的第一天晚上，波特填了一份簡短問卷，針對她感受到幾種正面情緒的多寡給予評級。由參與此行的加州大學柏克萊分校心理學家安德森（Craig Anderson）領導的科學家團隊，希望透過泛舟者的回答，了解敬畏感（awe）這種常見、但嚴重缺乏研究的情緒經驗。

敬畏，是我們遇到具有力量但難以輕易解釋的事物時，感受到的驚奇感受。在自然世界我們經常有這種感受，不論是看到絢爛的夕陽，高聳的山峰，還是美麗的景色。敬畏感被視為一種超越自我的情感，因為它讓人的思緒和感受超越自己的需要與渴望。大腦在經歷敬畏感經驗時，與自我沉浸有關的神經活動會減少，類似於人在冥想或服用LSD等迷幻藥時的大腦反應，這些活動都會模糊自我與周遭世界的界線。

然而，敬畏感絕不只是在自然與戶外才會產生。有些人看史普林斯汀（Bruce Springsteen）的演唱會，讀狄金森（Emily Dickinson）的詩，或是在羅浮宮一睹《蒙娜麗莎》，敬畏感也會油然而生。有人可能在親眼目睹特殊難得的事件時，會充滿敬畏感，例如一場關鍵運動賽事，或是看到美國憲法這類的傳奇歷史文物，或是經歷生活中的重要里程碑，例如看見寶寶踏出的第一步。演化心理學家推論，我們會發展出這種情感，是因為敬畏感能減少我們的自利傾向，有助於團結，增加生存優勢，因為群體較能對抗威脅，也較能透過合作達成更大的目標。

不過，柏克萊團隊關注的不只是泛舟者在急流中高速而下是否會經歷敬畏的感受。團隊預期泛舟者會產生敬畏感，但他們真正想知道的是，參與者在旅程中經歷的敬畏感，是否足以在旅程結束後，對他們的壓力與幸福感產生任何長久影響。

因此，在泛舟行的開始與結束後的一週，安德森都請泛舟者填寫一組量表，建立他們的幸福感、壓力和創傷後壓力疾患（PTSD）指數。這兩次評估間發生了很多事。參與者在四天旅程中泛舟數十公里，有幾天下午沿著河岸健行，觀賞數千年前的史前壁畫，想像久遠以前的人們，也曾與他們一樣走在這片河岸。這些經驗的效應會在旅程後消散，還是會留下些什麼？

研究結束後安德森發現，參與者在評量幸福感的每一項指數上都有顯著改善；壓力與 PTSD 程度都下降，整體的快樂程度、生活滿意度和歸屬感都有提升。這些結果本身已經很耐人尋味。但最有趣的發現是這些結果的預測因子。一如安德森和他的同事預期，造成這些結果的原因不是泛舟者在旅程中感到的娛樂、滿足、感恩、喜悅或自豪，而是這些經驗引發的敬畏感。波特也感受到所有這些改善，包括更平靜的內在對話。「那次泛舟旅行深深改變了我的觀點，」兩年後她告訴我。

當你面對某個廣大、難以形容的事物時，就比較不會覺得自己（和腦中的聲音）是世界的中心。就像我們前面談過的其他抽離技巧，這也會改變你的思緒流動的方式。不過，產生敬畏感不需要心智的視覺演練或是重新看待讓人難過的經驗，它就像說出自己的名字：只需要體會到這種經驗，就能帶來紓緩。當你在引發敬畏的景色中感到自己的渺小，這種現象就稱為「縮小自我」，你的問題也會顯得微不足道。

柏克萊的綠河急流泛舟研究，只是探討敬畏感與身心益處的眾多研究之一。舉例而言，另一項研究顯示，敬畏感會讓人感覺比較有時間，驅動人們優先選擇時間密集但能帶來高度滿足感的經驗，例如去看一場百老匯表演，而不是較不花時間、但滿足感也較低的物質經驗，例如買一只新手錶。在生理層面上，敬畏感也與減少發炎反應有關。

事實上，敬畏感對行為的影響之深，連旁人也會注意到。一組研究發現，容易產生敬畏感的人在朋友眼中給人較為謙遜的感覺。他們也比較謙虛，對自己的長處和短處有較持平的觀點（兩者都是智慧的標準特徵），也更能準確認知外部因素在自己的成功中扮演的角色。

不過，在討論敬畏感時，有一個重要的但書。雖然多數研究都發現敬畏感與正面結果的關聯，科學家也證實有一類引發敬畏感的經驗可能誘發負面感受。敬畏也可能「令人畏懼」（awful），例如看到龍捲風來襲，恐怖攻擊，或相信眼前發生的災難是上帝的憤怒。研究顯示，約八〇％的敬畏相關事件會振奮人心，二〇％則否。這類經驗也會引發敬畏，就如壯美的夕陽，同樣是廣大而複雜、難以輕易理解的現象。不同的是，這類經驗對人來說具有威脅性。而事實證明，當敬畏感中參雜威脅成分時，腦中的思緒很容易演變成小對話。

敬畏的效果來自讓我們感覺渺小，讓我們把內在聲音的控制交給一個更偉大的事物。但是我們的實體環境還有另一個工具可用，也能改善我們的內在對話，而且與臣服於生命中不可思議的遼闊相反，這個工具不是幫助我們讓出控制權，而是幫助我們重新拿回掌控。

納達爾原理

二〇一八年六月，西班牙網球巨星納達爾（Rafael Nadal）踏上法國網球公開賽的紅土球場，準備在決賽中拿下第十一座法網冠軍。那個巴黎的夏日，一萬五千名球迷熱切等待一場世界級的比賽，他和來自奧地利的對手蒂姆（Dominic Thiem）從更衣室走出來，準備一較高下。納達爾做了他每次的賽前動作。首先，他手拿球拍穿過球場走到他的板凳，接著面對觀眾席脫下暖身外套，一邊踮腳來回彈跳熱身。接著，同樣一如往常，他把參賽證件面朝上放在椅子上。

然後，比賽開始。

納達爾立即取得領先，拿下第一盤。每一次得分後，他會在發球前摸一下衣服、頭髮，彷彿要整理好歸位。比賽中間休息時，他會喝能量飲料和礦泉水，接著把瓶子都放回原來一模一樣的位置：椅子左前方，兩個瓶子一前一後完全對齊，以斜角對準球場。

兩盤之後，納達爾擊敗蒂姆，再一次以勝利者之姿離開法網。

你可能認為與世界級選手較勁，避免肌肉拉傷是職業網球最重要的事，但是對史上最偉大的選手之一納達爾而言並不是這樣。「在一場球賽中，我最努力做到的，」他說，「是讓我腦子裡的聲音安靜下來。」他在球場上的個人習慣在許多球迷眼中或許逗趣或許古怪，卻為他提供了一個控制內在對話的合理方法。

每次都將球員證面朝上擺放，仔細將水壺在椅子前對齊排好，在發球前確認頭髮是他要的樣子，透過這些動作，納達爾在做的是「補償控制」（compensatory control）的過程。他在實體環境中創造秩序，藉此創造他需要的內在秩序。用他的話說：「這是我參加比賽的方式，在我的周圍創造我腦中尋找的秩序。」

這種透過整理環境中的元素來緩解小對話的傾向，不限於個人表現的場域，而是任何我們置身的空間。因此，人類會以各種方式為外部環境（也是心智的延伸）創造秩序。有些方式和納達爾的很像。這也許能說明近藤麻理惠為何風靡全球，二〇一四年出版的《怦然心動的人生整理魔法》又為何如此暢銷。她主張清除家中雜物，只留下會帶給自己喜悅的物品，其實就是透過在環境中創造秩序來影響自身情緒。

但是，讓環境井然有序，如何影響我們腦中的世界？要回答這個問題，必須先了解主觀控制感（perceptions of control）這個概念，也就是相信自己有能力以自己想要的方式影響世界。

掌控自己的欲望是人類很強烈的驅動力。相信我們有能力控制自己的未來，會影響我們是否為目標努力、付出多少心力，碰到挑戰時又能堅持多久。因此，增加控制感可以帶來各種好處，從身體和情緒健康的提升，學業與工作表現更佳，到更令人滿足的人際關係。相對的，覺得自己失去掌控，往往會導致小對話激增，並驅使我們努力拿回掌控權。這就是為什麼改變實體環境很重要。

要覺得一切都在自己掌控中，你除了相信自己有能力影響結果，還必須相信周圍的世界是一個有秩序的地方，你採取的任何行動都會獲得意圖的效果。有秩序的世界使人安心，生活比較可控，也較能預測。

我們對外在世界秩序的需求極為強烈，甚至有研究發現，當參與者回想一個引發小對話的事件，並專注在失去控制的感覺時，居然會在影像中看到其實不存在的圖形。他們的心智透過模擬秩序，讓他們想像出圖形。在另一項實驗中，無法控制周圍噪音的參與者，被要求從兩張明信片中選一張，一張上面的睡蓮有黑色邊框，傳達出結構感，另一張相似的明信片則沒有邊框。平均而言，參與者偏好有結構感邊框的明信片，邊框也是代表秩序的視覺標記。

然而科學家發現，我們和納達爾一樣，也能在世界以及我們的心智中模擬秩序，方法就是整理我們周圍的事物，確保實體環境符合一種特定、可控的結構。為了消除心智世界的混亂，而在實體環境中創造秩序，這樣的做法之所以迷人，是因為它完全不用跟讓我們陷入小對話的問題有關。這也是為什麼在環境中創造秩序如此有用，因為通常很容易辦到，而這種做法的價值也很可觀。例如，實驗證明，光是閱讀描述有秩序社會的文字，就足以減少焦慮。不意外的，研究顯示住在弱勢社區的人比較常出現憂鬱症狀，例如羅勃泰勒住宅的居民，或是波特在伊拉克工作地的住民，這可以部分歸因於他們在周遭環境中感覺到的失序。

現代文化中，許多人將過度頻繁的嘗試整理環境視為一種病態。例如某些一定要將物品排列整齊的強迫症患者。但有關補償控制感的研究顯示，這些人可能只是把人類想在環境中建立秩序以獲得掌控的強烈欲望，推展到了極致。他們的行為背後的確有邏輯，只不過恐怕缺乏節制。

強迫症這種心理疾患之所以有害，是因為患者對環境秩序有過度的需求，干擾到他們的日常生活運作。在更廣泛的社會環境中，我們對秩序的需求也可能失控。看看近年在網路上散播各種陰謀論，將不同事件帶來的混亂與動盪歸咎於邪惡勢力在幕後有計畫的計謀。在這個情況中，人們是透過相信故事來得到秩序感，但往往會造成對他人的傷害（畢竟陰謀通常不是真的，也缺乏證據）。

我們研究人類對秩序的需求，以及大自然和敬畏感帶來的好處，而這些研究明確顯示，我們的實體環境和心智緊密相連，同屬一塊織錦畫。我們與實體空間高度相連，這些空間的不同特徵也會啟動我們的心理力量，影響我們所思所感。現在，我們不僅知道自己為何受到環境中的不同特徵吸引，也知道如何主動做出選擇，提升我們從中獲得的益處。

✧ ✧ ✧

二〇〇七年，羅勃泰勒住宅的最後幾棟也拆除了。芝加哥市政府早已遷出所有居民，這個曾經是都市弊病、種族隔離和社會失序的象徵，將開發為新的混合收入住宅區和零售與社區空間。這個正向、往秩序前進的轉變，可能會讓還記得以前那些犯罪與暴力往事的人們，生起敬畏之情。

這裡的新面貌是否會納入對居民有益的綠地，還有待決定，但原有住宅區留下的遺產，依然留在芝加哥的歷史和科學研究的歷史。那是一個經得起時間考驗的例子，見證我們的環境會如何形塑我們思想、感受和行為，以及積極在周遭環境中創造掌控的重要性。

不過，儘管環境有那麼強大的力量，我們並不只是從周遭環境獲得心理慰藉。我們在需要掌控時會改變環境，同樣的，我們也會在環境中創造有助於控制內在對話的活動，像納達爾那樣在比賽中創造秩序只是一個開始。這些方法往往奇特古怪，效果又超級強大，簡直就像魔術。

7

成爲內心強大的自己

護身符、賽前加油喊話，建立屬於自己的儀式，抵抗壓力、發揮實力一七六二年的某個早晨，三歲的瑪莉雅．特瑞希雅．馮帕哈底斯（Maria Theresia von Paradis）醒來後，發現自己看不見了。

瑪莉雅．特瑞希雅是神聖羅馬帝國皇后的大臣之女，在維也納長大，儘管失明，生活仍相當美好。她是音樂天才，擅長演奏古鋼琴和管風琴。天賦加上她的殘疾，讓她得到皇后的注意和慷慨對待，提供她經濟支持和當時最好的教育。少女時期的瑪莉雅．特瑞希雅已經是著名的音樂家，在維也納和其他地方最高級的沙龍演出。莫札特還為她寫下一首協奏曲。但是瑪莉雅．特瑞希雅的父母並未放棄她可能恢復視覺的想法。

瑪莉雅．特瑞希雅長大過程中，醫生試驗了各種治療眼睛的方法，從水蛭到電擊，但是全都徒勞無功。她沒有恢復視覺。更糟的是，這些治療留下了許多後遺症。十八歲那年，瑪莉雅．特瑞希雅已為嘔吐、腹瀉、頭痛和暈厥所苦。

此時麥斯默（Franz Anton Mesmer）登場了，這個神祕的醫生在維也納學醫，在城裡的菁英社交圈交遊廣闊。他自稱開創了一種新療法，靠磁力學原理改變在宇宙間流動的無形能量流，就能治癒各種生理和心理疾病。麥斯默用磁鐵和雙手導引這股隱形能量來治癒患者，他稱為「動物磁性」（animal magnetism），後來這個方法以他命名為 mesmerism，也就是催眠術。

一七七七年，十八歲的瑪莉雅．特瑞希雅開始接受麥斯默治療。數月以來，麥斯默用磁鐵碰觸她的眼睛和身體，也向她解說動物磁性，以及這個方法可以治癒她的眼睛。瑪莉雅．特瑞希雅和她的父母都深信不疑，而她的視力也奇蹟般的恢復了。不是瞬間恢復，而是斷斷續續的。

一開始她只看到模糊的影像，接著開始能分辨黑色與白色物體。最後，她的色彩視覺也恢復了。雖然她還無法感知深度與比例，但漸漸開始能辨識人臉了。然而，失明這麼多年後看到的人臉沒有讓她充滿喜悅，反而讓她害怕，尤其是看到人的鼻子。視覺的世界對她來說已變得太過陌生。儘管如此，這個改變還是不可思議。她終於又能看到了。

然而好景不常。瑪莉雅．特瑞希雅的父母與麥斯默因故決裂，最終導致療程中止。傳言他們擔心女兒若完全恢復視力會喪失經濟援助，另一種說法是麥斯默與瑪莉雅．特瑞希雅被發現有不當關係。無論如何，他們共處的時光結束了，麥斯默在滿天飛的謠言中離開維也納。動物磁性醫學大師離開後，瑪莉雅．特瑞希雅的視力也再一次消失。

不過，麥斯默的故事並未就此結束。

離開維也納在巴黎重新安頓後，麥斯默開了一間診所，再度努力結交上層人士。他甚至治療過法王路易十六的王后瑪麗．安東妮（Marie Antoinette）和法王的弟弟。後來幾年間，麥斯默的療程極為熱門，為了增加利潤，他還設計出一套方法，讓他可以同時治療更多病人：他指揮許多人肩併肩圍站或圍坐在一個木桶周圍，桶子裡放滿了水和經過他磁化的細小鐵屑。水裡放了金屬棍。在輕柔的背景音樂中，病患用棍子碰觸自己感到不適的身體部位，麥斯默則遊走其間，調整流動在金屬棍和病患間的磁能量。

麥斯默療法的效果因人而異，在某些例子裡落差極大。有些人接受治療的身體部位感到微微刺痛，有些人會有彷彿癲癇發作的劇烈抽搐。有人覺得自己被療癒了，但不是每個人都覺得病痛有所改善，也有些人的經驗是什麼感覺也沒有。

終於，到了一七八四年，路易十六已經聽夠關於催眠術的傳言了。他下令皇家科學委員會調查麥斯默的療法，領導者正是當時以外交官身份住在巴黎的富蘭克林（Benjamin Franklin）。委員會從一開始就對麥斯默的說法存疑，他們並不懷疑有些人因為催眠而受益，他們只是不相信原因是某種隱形的磁力。

委員會的看法沒有因為調查而改變。在一項實驗中，一名強烈相信催眠術的女子坐在一扇關閉的門旁邊。門的另一邊，受過麥斯默訓練的一名醫生賣力的施展磁能量。女子不知道門另一邊有醫生的時候，沒有顯示任何受到催眠的跡象。但是一經醫生告知後，女子立刻開始劇烈抽動和扭動肢體，顯示療法成功。後來又有許多相似的證據。

結束調查後，富蘭克林和他帶領的委員會對麥斯默的技法發表了嚴厲批評。他們指出，委員會觀察到的唯一療癒力量來自人類心智：人只要預期自己會有特定感受，就可以製造出正面結果──而不是靠著「動物磁性」。不過，雖然麥斯默販賣的確實是一種不存在的力量，兩百多年後的今天，我們現在已經知道，他其實讓讓我們看見對抗小對話的獨特方法，科學研究直到近年才有更多了解：我們的信念看似具有的神奇力量，以及這對我們心智和身體的深遠影響。

麥斯默並未發現動物磁性。他只不過是給予了**安慰劑**。

強大的安慰劑

問多數人安慰劑是什麼，他們很可能會告訴你，什麼也不是。

大家對安慰劑的理解通常是藥品研究中使用的物質（經常是糖片），用以測量藥物的效用。然而，安慰劑可以是任何東西──不僅是糖片，也可以是一個人、一個環境，甚至是一個護身符。安慰劑之所以耐人尋味，是因為即使不含任何實際醫療成分，它們仍能讓我們感覺好轉。

我們在研究中會使用安慰劑來驗證新藥或療程是否有明確的醫療效力，而不是只有心理暗示的力量。這樣做也等於承認心智具有療癒的潛力，但安慰劑本身通常被視為服務更高目標的工具，本身沒有效用。

這完全錯失了重點。

富蘭克林沒有錯過這個重點。他了解麥斯默帶給患者的幫助是真實的，儘管動物磁性並不是真的。但是富蘭克林對心智療癒力量超前時代的洞見，被麥斯默的聳動故事掩蓋了。一直到二十世紀中期，科學家才開始質疑安慰劑只是實驗陪襯品的想法。我們現在知道安慰劑非同小可，見證了信念與療癒的關聯，也是抑制小對話的祕密通道。

安慰劑來自人類為物品或符號賦予「魔法」的古老傳統。所羅門王的神祕封印由兩個交疊的三角形組成，據說能抵禦惡魔。同樣的，在卐字成為納粹同義字的更久以前，它是象徵吉祥的符號。而在瓜地馬拉，直到今天，小孩害怕時仍會拿到一組穿著傳統瑪雅衣著的小人偶，稱為解憂娃娃（worry dolls），負責把孩子們擔心害怕的事情帶走。

許多人有自己獨特的幸運符。例如名模海蒂·克魯姆（Heidi Klum）坐飛機時會帶著一個裝滿她乳齒的小袋子，碰到亂流時就緊緊抓住。（很奇怪，我知道，可是對她有用。）麥可·喬登（Michael Jordan）每一次出賽都在芝加哥公牛隊的制服底下穿著大學時期的球褲。近年，水晶療法成為熱門生意，產值達數十億美元。從廣泛意義而言，安慰劑極為常見。人有自己珍惜的幸運物，完全不是愚昧的表現，這樣的認知才是錯誤的。科學上，這種行為其實相當合理。

多項研究證實，不管安慰劑是一個吉祥物、有療癒力量的人（例如薩滿或信賴的醫生），或是某個特殊環境，光是相信它能讓我們感覺好轉，我們就真的會感覺比較好。例如，腸躁症患者會比較少肚子痛，受偏頭痛所苦的人較少發作，氣喘病患的呼吸道症狀也會改善。雖然安慰劑提供的緩解程度隨不同的疾病和患者而有明顯差異，就像麥斯默的患者一樣，有些人天生對安慰劑比他人敏感，但在某些例子中，安慰劑帶來的緩解程度仍非常可觀。

安慰劑甚至對帕金森氏症也有用。某項實驗中，科學家將一種新的化學藥物注入有帕金森氏症後期症狀的患者腦部，希望能刺激多巴胺的產生，因為多巴胺濃度太低正是帕金森氏症的一個根本原因。手術後，科學家在接下來兩年持續追蹤病患的症狀。

結果頗讓人振奮。接受注射的患者，症狀顯著改善。但有一個問題：「假手術」組的參與者腦部也被鑽了洞，但是並未注射藥物——在這個情況中這就是安慰劑——而他們也有一樣程度的症狀改善。他們以為自己接受了特殊治療，所以大腦和身體就做出了相應的反應。這項研究和許多其他研究傳達的訊息清楚無比：有時候，我們的心智和現代醫學一樣強大。

安慰劑對小對話也會有影響嗎？麥斯默也曾治癒「歇斯底里」（hysteria）的患者，這個用語曾被用來描述無法控制激烈情緒的人。動物磁性這個安慰劑也幫助了這些人。這樣說來，安慰劑是否也有助於控制內在對話？

我在二〇〇六年與神經科學家瓦格納（Tor Wagner）一起喝咖啡時，開始討論這個問題，當時我還是研究生，他是哥倫比亞大學的新任助理教授。「要是請人吸入裝了生理食鹽水的鼻噴劑呢？」他說。「就跟他們說是止痛藥。我打賭那樣會讓他們比較舒服。我們也可以看看他們的大腦。」

我沒有覺得瓦格納瘋了，但一開始我確實心存懷疑。儘管如此，我們還是展開了實驗。結果就是我們把紐約市的心碎之人請到實驗室進行的大腦研究。你可能還記得前文提到，我們請參與者看著拋棄自己的前任照片時，同時監測其大腦活動，發現情緒痛苦與生理痛苦的經驗間，有著耐人尋味的重疊之處。但那只是這項實驗的第一部分。

參與者完成第一階段實驗後，一名身穿白袍的實驗者帶他們離開腦掃瞄儀，來到走廊另一端的房間。實驗者把門關上後，拿出鼻噴劑給半數的參與者看，告訴他們裡面裝著無害的生理食鹽水，會提升我們希望在下階段研究取得的腦部磁振造影影像清晰度。接著，參與者從兩邊鼻孔各吸兩次噴劑，再回到腦掃描儀接受第二輪腦部造影。另一組參與者也經歷一模一樣的流程，只有一個重要不同。實驗者告訴他們，鼻噴劑裡裝的是一種類鴉片鎮痛藥，能暫時緩解他們的痛苦經驗。生理食鹽水噴劑就是我們的安慰劑。

兩組都吸入了同樣的生理食鹽水。但半數人認為自己吸入的是會緩解痛苦的物質。接下來我們測量效應。以為自己噴了止痛劑的參與者回報，他們在回憶被拋棄的情形時，感受到的痛苦大幅減少。不僅如此，他們的大腦資料也顯示類似結果；與知道自己吸入生理食鹽水的那組人相比，他們腦中社會痛苦迴路的活動少了很多。我們發現，安慰劑可以直接幫助人們對抗小對話。不具任何實質化學效應的噴劑，對內在聲音卻能發揮像鎮痛劑一樣的功效。這真是既奇特又令人興奮：我們的心智可以造成情緒困擾，卻也能同時減少那個困擾。

我們的研究結果也與另一個研究一致，研究發現安慰劑可以改善小對話伴隨的不同病症，例如憂鬱和焦慮。而且在許多案例中，這些好處並不是短暫即逝。例如一次綜合八項研究的大型分析發現，攝入安慰劑對減少憂鬱症狀的幫助，可以持續數月之久。

安慰劑的廣泛效用讓人不禁要問，為什麼有那麼神奇的功效？背後的原因一點也不神奇，而是與我們清醒的每個時刻，大腦持續產生、不可或缺的設定有關：對未來的預期。

預期的力量

二〇一二年八月三日，喜劇演員諾塔蘿（Tig Notaro）在洛杉磯拉爾戈俱樂部（Largo）登台，那場演出很快成為傳奇。演出前四天，她的兩邊乳房都檢查出癌症，成為一連串不幸遭遇的最高點。諾塔蘿因為肺炎生了一場大病，經歷慘痛分手，母親因跌倒而過世。這些事情一點都不好笑，但她還是抓起麥克風開始說話。

「大家晚安，」諾塔蘿說，「哈囉。我得了癌症。」

觀眾期待的笑了，等著後面的笑點。

「嗨，你們好嗎？大家今晚開心嗎？」她接著說。「我得了癌症。」有些人笑了。其他人倒抽一口氣。笑點在於，這不是笑話。

如果喜劇本來就有一部分是要探索讓人尷尬不自在的主題，那麼諾塔蘿做的正是如此。而且這個話題有夠讓人不舒服。但諾塔蘿以她高超的技巧，遊走在笑和哭之間的那條繩索上，引發陣陣笑聲。例如，她提到自己的線上交友活動現在又多了一份急迫性。「我得了癌症，」她說。「非誠勿擾。」

她繼續以這種驚奇、悲慘、勇敢又爆笑的方式演出，最後，全長二十九分鐘的演出將諾塔蘿推向了新的名氣與事業高峰（而且謝天謝地，她打敗了癌症）。這個演出別具意義的是，它凸顯了「預期」所扮演的必要角色。

諾塔蘿知道自己可以逗人發笑，即使談的是想像中最嚴肅、最可能引發小對話的主題之一。她需要做的是用對的順序說出對的話，配上正好的語氣和停頓。她知道該怎麼做，因為她的預期很準確——她能預期自己的能力和會帶來的結果。如果我們將這個概念延伸，就會開始了解我們生活中的每一秒都仰賴各種預期。

我們走路。移動。說話。現在花一秒想想你是怎麼做出這些行動的。你如何決定走路時腳要放哪裡，接球時往哪裡跑，或是對一大群人講話時要用怎樣的聲音？我們能做這些事情，是因為我們無時無刻都在意識和潛意識中預測接下來會發生什麼事，而我們的大腦會依此準備做出反應。

大腦是善於預測的機器，隨時努力幫助我們在世界上運作。我們愈能將先前的經驗應用在眼前需要做的事情上，就愈能做好。這不只與我們的外在行為有關，也適用於我們的內在經驗，而安慰劑就是在這裡派上用場。安慰劑就是利用預期的力量來影響我們心智和身體健康的祕方。

當醫生跟你說，你身體會比較舒服時，你就得到了可以預測接下來感受的資訊，尤其如果醫生有個厲害的醫學學位，穿著白袍，講話很有權威感。這不是玩笑話，研究顯示，你可能認為枝微末節的事情，例如醫生有沒有穿白袍，名牌上有沒有學歷或職位的縮寫，甚至你吃的是品牌藥還是學名藥，這些細節都會在潛意識中強化一些信念。

我們對某些人事物會如何影響自己的健康，會形成自動信念（automatic belief）。正如巴夫洛夫（Pavlov）實驗中流口水的狗，我們看到藥丸就會反射性的預期，吃下藥丸會比較舒服，往往連藥的功用為何都還不知道。

這種預期，以及對安慰劑的預設，都是下意識的，並不是經過仔細思考的產物，而是一個自動的反射反應。也許並不意外的是，研究顯示嚙齒類與其他動物對安慰劑的反應，也是透過這個自動路徑。這樣的反應是不斷適應而習得的，讓我們得以猜測在各種情境如何快速做出有效反應。然而，我們的大腦還演化出另一個反應途徑：意識思考。

當我頭痛吃止痛藥時，我會提醒自己，吞下這顆藥會讓我比較舒服。光是這個認知，就為大腦提供了極有價值的資訊：可以抑制我對這次頭痛到底會不會好的許多懷疑。*如果怎麼做都沒用呢？*我對自己說。*真的好痛。我能怎麼辦？*吃下那顆藥丸給了我頭痛會變好的希望，轉移了我的內在對話。研究顯示，這些有意識的評估與內在對話使用的是腦中同一個預設系統。

簡單來說，我有一個信念，這個信念形塑了我的期望，而這個期望又讓我感覺比較舒服。別人告訴我們的事情，會成為日後的指引，我們也會從自己的經驗提煉想法，而這個過程在腦內創造了預期的基礎。我們會形成哪些特定信念，要看我們認識的人以及我們自身的經歷。不過，安慰劑「魔法」背後的大腦運作機制到底是什麼？

由於我們的信念牽涉到太多不同的情緒、生理反應和經驗，因此安慰劑效應並非只由單一神經路徑產生。舉例來說，相信自己的疼痛會減輕，與腦部和脊髓中疼痛迴路的活化程度較低有關，而認為自己喝的是昂貴的葡萄酒，則可能會增加大腦愉悅迴路的活化程度。相信自己吃的是高脂肪（相對於健康的）奶昔，甚至會降低飢餓荷爾蒙（ghrelin）的濃度。也就是說，一但你相信一件事，你的神經迴路就會增加或減少相關的大腦或身體部位的活化程度，讓這件事情成真。

當然，安慰劑效應有其限度。不是什麼疾病都能單憑信念克服。有許多醫學方法可以帶來超越安慰劑的功效，而我們現在也知道安慰劑效應往往對心理（例如小對話）比對生理有用。不過，即使有這些但書，安慰劑的力量依然存在。事實上，愈來愈多證據顯示，安慰劑具有增強作用，能提升特定藥物和療法的效益。

然而，問題在於要找到安慰劑的路徑頗為棘手。安慰劑要有效，我們必須相信自己攝取的物質或參與的行為具有實際療效。在研究領域，實驗參與者通常都知道自己可能會被給予安慰劑，但是在研究領域之外，這樣的欺瞞有違倫理。這就形成了兩難：我們不能騙自己吃的是什麼藥，這表示以安慰劑而言，我們無法利用自己所擁有的工具。

真的是如此嗎？

如果安慰劑本質上與改變信念有關，那我們是否可以找到不需說謊的方式來改變人的預期呢？從可信賴來源獲得的資訊是強大的說服機制。如果我想說服你相信你懷疑的事情，事實與科學往往能幫上忙。哈佛大學的凱普查克（Ted Kaptchuk）與團隊就利用這個概念，在二〇一〇年發表一項研究，粉碎了科學界對安慰劑的原有看法。

首先，他們挑了已被證實對安慰劑反應良好的常見疾病：腸躁症。凱普查克與同事請患有腸躁症的參與者來到進行實驗的醫學中心，說明了安慰劑是什麼、為何有用。理論上，光是對安慰劑藥丸有所了解，應該就會改變參與者的預期，使腸躁症狀減少。實驗結果也確實如此。

在為期二十一天的實驗中，學到安慰劑效應背後的科學原理、得知自己將被給予安慰劑的參與者，比起學到安慰劑相關知識但沒有服用任何藥物的參與者，腸躁症徵狀較少，也獲得較大緩解。光是了解安慰劑可能會緩解腸躁症，就真的達到了那樣的效果。

我們對非欺騙性安慰劑的新可能很感興趣，因此我的研究室也展開實驗，檢驗凱普查克的研究結果是否也能延伸到腸胃問題以外的心智問題。我們使用了相似的方法，將參與者分為兩組，並對其中一組說明安慰劑的科學。簡單來說，我們告訴參與者：「如果你認為某個物質可以幫到你，它就會幫到你。」接著我們給予他們安慰劑（依然是鼻噴劑）並再次告訴參與者，如果他們認為這會讓自己比較舒服，就真的會如此。

接下來，我們給參與者看會引發厭惡反應的照片，例如血腥畫面（參與者事先已同意觀看這類影像），藉此引發他們的負面情緒。果然，安慰劑組的參與者感受到的困擾較少。他們看到讓人不舒服的影像後兩秒內的大腦情緒活動也比較少。

已有好幾個研究室將這類研究擴展到其他病症。舉例而言，非欺騙性安慰劑已被證實可改善過敏症狀、下背痛、注意力缺失過動症和憂鬱症。我們還需進行更多研究，才能了解非欺騙性安慰劑的效應有多強大，能維持多久。但這些發現已經為我們應對生理和心理痛苦的方式開啟了新的可能，也展現了信念對內在對話和健康的強烈影響。這些發現還揭露了另一件重要的事——在對抗小對話的各種做法中，文化所扮演的角色。

我們的許多信念都來自自己所屬的文化，例如我們對醫生和護身符的預期心理，以及周遭其他的迷信。在這層意義上，塑造我們的家庭、社群、宗教和其他文化形式，也同時給了我們應對小對話的工具。然而，信念並不是文化傳承給我們的唯一「魔法」。還有另外一個方法：儀式。

儀式的力量

第一次世界大戰對馬林諾夫斯基（Bronislaw Malinowski）來說真是太好了。這位三十歲、波蘭裔的倫敦政經學院人類學系學生，在一九一四年前往紐幾內亞（New Guinea）進行田野工作，考察原住民部落風俗。但他抵達後不久，第一次世界大戰就爆發了。這讓馬林諾夫斯基處境尷尬，因為嚴格來說，他身在敵方領土。他是奧匈帝國子民，國家正與英國交戰。紐幾內亞屬於澳洲領土，因此算是英國盟友。結果，馬林諾夫斯基無法返回英國或家鄉波蘭，但當地政府容許他繼續田野工作。於是他在遙遠的南半球成了戰爭的局外人，在那裡展開了文化與人類心智的追尋之旅。

馬林諾夫斯基最重要的研究源自他在特羅布里恩群島（Trobriand Islands）度過的兩年，這片島群位在紐幾內亞附近，他與當地部落共同生活，親身體驗他們的文化。馬林諾夫斯基戴眼鏡、白衣長靴，加上漸禿的蒼白頭頂，置身在膚色黝黑、光著上身、牙齒因為咬檳榔而變紅的島民之間，顯得格格不入。然而馬林諾夫斯基成功被接納，得以深入了解了島民的傳統，包括他們捕魚習俗中的「魔法」。

島民要到安全的淺水潟湖中捕魚時，只需帶上魚叉和網子，跳上獨木舟沿著水道滑行，找到喜歡的捕魚點即可。但是要在島嶼周圍鯊魚出沒的水域中捕魚時，島民的行為就不一樣了。出發前，他們會獻上食物給祖先，以藥草塗抹獨木舟，還會念咒語。到了開放水域時，他們會再念更多咒語。

「噢，鯊魚，我把你踢下去，」他們以基里維拉語（Kilivila）喃喃念著。「躲到水下去，鯊魚。死吧，鯊魚，死吧。」

當然，特羅布里恩島民不是真的在施法。他們在危險的捕魚之旅前進行的繁複準備程序，已經超越了部落的特殊文化，島民的行為在情感層面上有非常實際的目的，直接反映了人類的心理。

他們在進行的是儀式——這是緩解小對話的另一個工具。

當人被哀傷淹沒時，宗教會帶我們進行悼念儀式，例如儀式沐浴，埋葬死者，舉辦喪禮或紀念禮拜。美國西點軍校有個傳說，學生在考前壓力大的時候穿上制服走過校園，去轉動南北戰爭時期將領賽吉維克（John Sedgwick）銅像腳後的馬刺，就會考的比較好。我們也愈來愈常在商業界看到儀式。西南航空公司在二〇一四年重新定位品牌，在機身換上新的心型商標，機師開始在登機前觸摸商標，這種做法開始傳播到全公司，成為面對飛行風險時，讓人安心的來源。

這些都是透過文化傳承的儀式，但或許你也能想到自己或別人自創的個人儀式。棒球名人堂三壘手伯格斯（Wade Boggs）賽前都會練習接一五〇顆滾地球，在晚上七點十七分練全速跑（若七點三十五分開打），還會吃一盤雞肉；賈伯斯（Steve Jobs）每天早上都會照鏡子自問，如果今天是生命最後一天，他是否會滿意自己今天要做的事情，如此持續三十三年。這類個人特有的儀式絕不專屬於名人。在一項研究中，哈佛組織心理學家諾頓（Michael Norton）與吉諾（Francesca Gino）發現，人在經歷喪親或失戀等重大失落時，多數人都會進行某種獨特的儀式。

不論我們進行的是個人或集體的儀式，研究顯示，許多人在經歷小對話時，都會自然轉向這種看似具有魔法的行為，緩解內在對話。

二〇〇六年黎巴嫩衝突期間在以色列進行的研究發現，儀式性朗讀聖經《詩篇》的戰地女性，相較於沒有朗讀詩篇的女性，焦慮程度下降。對天主教徒而言，朗讀《玫瑰經》也有緩解焦慮的效果。儀式也對達成目標有幫助。實驗發現，比起只是「想要」吃得更健康，在用餐前進行某種儀式，能幫助想吃得比較健康的女性實際攝取較少卡路里。

儀式對高壓情境的表現也有正面影響，例如數學考試或是（更好玩但也更容易引發小對話的）卡拉ＯＫ表演。一項令人記憶深刻的實驗請參與者在另一個人面前演唱旅行者樂團（Journey）的經典歌曲「永遠相信」（Don't Stop Believin'）。相較於沒有進行儀式的人，表演前進行儀式的人焦慮程度較低，心跳較慢，唱得也比較好。這個故事告訴我們：現在就開始相信儀式的力量吧！

很重要的一點是，儀式並不只是習慣或慣例。有幾個特徵可以區分儀式與充斥在生活中的日常習慣。

首先，儀式往往是一套固定的行為，依照固定順序進行。相較之下，習慣或慣例的步驟順序可能較寬鬆或經常改變。以我自己的日常生活為例，每天早上起床我會做三件事：吃一顆甲狀腺藥丸（我的甲狀腺功能略低），刷牙，喝一杯茶。醫生會希望我先吃藥（空腹吃代謝較佳），但真實情況並不總是如此。有時候我會先喝茶，其他天我會起床就先刷牙。這也沒關係。即使沒有以固定順序完成這些事，我也不會覺得必須重複做一遍，而且我知道先後順序不會對我有太大的影響。

與我每天早上的慣例相反的，是澳洲奧林匹克泳將萊絲（Stephanie Rice）在每場比賽前做的事。她會轉動雙臂八次，壓泳鏡四下，摸泳帽四次。沒有一次例外。

這一套行為是萊絲獨創的發明，就像許多個人化儀式一樣。事實上，構成儀式的特定步驟，往往與它們要達成的更大目標沒有明顯關聯。例如，萊絲輕拍泳鏡和泳帽四次的動作，對她游得更快並沒有明確的幫助。但那些動作對她本人具有意義，這就要講到儀式的第二個特徵。

儀式充滿意義。這是因為儀式背後有一個重要目的，不論是在墓碑上放一顆小石頭對死者致敬，跳祈雨舞使農作物獲得滋養，還是行聖餐禮。儀式具有重大意義，有一部分是因為它幫助我們超越個人想法，將我們與更大的力量相連結。儀式能同時拓廣我們的觀點並強化我們與其他人和某種力量的連結。

儀式之所以能有效幫助我們管理內在對話，是因為它們就像減少小對話的雞尾酒療法，透過好幾個管道影響我們。第一，儀式會將我們的注意力從困擾的事情上轉移；完成儀式任務會占據大量工作記憶，使焦慮和負面內在聲音沒有容身空間。這或許能解釋為什麼運動領域有那麼多賽前儀式，因為在最焦慮的時刻，儀式可以分散注意力。

許多儀式也能提供秩序，因為我們只會做我們能控制的行為。例如，我們無法掌控孩子的人生會碰到什麼事，能給他們的保護也有限，這是許多父母小對話的來源。但我們可以在孩子出生時讓他們受洗，或舉行任何一種誕生儀式，藉此獲得某種掌控的感覺。

儀式具有特殊意義，而且往往與超越個人的目標或力量相連，因此也能讓我們感到與重要的價值和社群相連，滿足我們的情感需求，避免孤立感。儀式的象徵性也能讓我們產生敬畏感，拓展我們的觀點，讓我們不再只關注自己。當然，儀式也經常啟動安慰劑機制：如果我們相信儀式會幫助我們，就真的會如此。

儀式最耐人尋味之處在於，我們往往投入其中而不自知。例如在捷克進行的一項實驗發現，引發大學生的高度焦慮之後，他們接下來會進行更多儀式性的清潔行為。相似的發現在孩童身上也可看到。在一項實驗中，遭同儕排斥的六歲孩童，比起研究中沒有被排擠的孩童，更可能出現重複、類似儀式的行為。

我也有過相似的經驗。寫這本書時，每當我遇上寫作障礙，只能盯著電腦螢幕時，內在思緒就會充滿懷疑，不知道自己有沒有寫完的一天。這時我會跑去廚房洗碗，把流理臺擦乾淨，接著整理散落在書房桌面上的紙張（這些新的行為讓我太太覺得很奇怪，但並不討厭，因為平時我往往不是整理東西的人，而是把東西弄亂的人）。直到開始為這一章進行研究時我才發現，原來我是透過這樣的儀式來面對寫作過程的沮喪與逼近的截稿日。

這種自然形成的儀式，似乎源自大腦會監控我們是否達成目標的驚人能力，在這本書探討的情境中，我們的目標是要避免內在對話變得太負面，造成痛苦。根據許多有影響力的理論，人類大腦的設計就像一個恆溫器，能偵測到你的現狀與你期望的狀態間是否有溫差。察覺到差距後，我們就會收到信號，要採取行動將降溫。投入儀式就是降溫的一個方法。

我想強調，小對話出現時，我們不需要等待潛意識告訴我們去進行儀式，我們可以刻意去進行儀式。現在，每當我碰到工作卡關，就會主動進行儀式（我家的廚房和書房從來沒這麼乾淨過）。要刻意投入儀式有許多方式，其中之一就是自己創造儀式，在引發壓力的事件前後進行，或是透過儀式幫助自己應付小對話。

實驗顯示，要求參與者進行完全隨機但具有固定結構的行為，是有好處的。例如，在演唱「永遠相信」的卡拉ＯＫ研究中，參與者被要求畫一張圖表達自己的感受，接著在圖上灑鹽，大聲數到五，然後把紙揉成一團丟到垃圾桶裡。只是依賴這樣的一次性儀式，就改善了他們的演出。

然而，實驗室裡的儀式並不具文化意義，而文化會賦予儀式額外的效益，因為文化提供了敬畏感、社會連結和超越感。因此，面對小對話，我們還有另一個利用儀式的方便途徑，那就是仰賴透過文化傳承的儀式——來自我們的家庭、工作場所與我們所屬的社會。你也許可以仰賴宗教信仰，參加一場禮拜，或是你們家裡獨特但具有特別意義的儀式。例如，我每個星期天早上從健身房回家後，都會做鬆餅給小孩吃。儀式從哪裡來或如何形成並不重要，它們就是有用。

✧ ✧ ✧

安慰劑與儀式之所以有效，並不是因為超自然力量（雖然有些人如此相信，而這也絕不會減少這些行為的效益）。安慰劑與儀式有力量，是因為能啟動我們本來就擁有的、可以對抗小對話的內建工具。

有趣的是，雖然許多人會發展出個人儀式和安慰劑，我們所屬的文化其實已經提供了各種工具。文化往往被比擬為無形的空氣，我們隨時隨地都在呼吸各種信念與習俗，形塑著我們的心智和行為。我們也可以把文化想成一個輸送系統，把對抗小對話的工具送到我們手中。我們對這些工具的了解不斷在進步，但我們要如何傳播這些新發現，並把這些知識帶進我們的文化中？

以前我從未真正想過這個問題，直到有個學生在課堂上舉手發問。她的問題改變了一切。

結語

學會與自己對話，愈早開始愈好

「為什麼我們現在才在學這些？」

這個帶著些許惱怒的問題來自我的學生艾瑞兒，那是我教授的專題討論課最後一次上課。三個月以來，每週二下午我都與二十八名密西根大學的學生在心理系館地下室一起度過，討論控制情緒、內在聲音引發小對話背後的科學。

學生的最後一項作業是問我問題。透過這個機會，他們可以在課程結束、畢業展開人生下一階段之前，提出心中的疑問。這是每學期我教這門課最期待的一堂課。討論總會激盪出有趣的想法，有時甚至會啟發新的研究。但在那個晴朗的午後，我走進教室時完全沒想到，這堂最後的討論課會讓我的研究工作開啟全新的一頁。

上課一開始艾瑞兒就舉手，我點了她，但沒聽懂她的問題。「妳可以再說明確一點嗎？」我說。

「我們整學期都在學如何讓自己感覺更好、變得更成功，」她說，「但我們多數人今年就要畢業，為什麼沒人早一點教我們這些，在我們需要時就教我們？」

一門課教過幾次，通常就知道學生會問哪些問題。但這個問題我沒聽過。我覺得自己好像一頭撞上了一堵無形的牆。

我問課堂上其他學生的想法（對，這是教授常用的技巧）。學生紛紛舉手，提供各種想法。但我幾乎沒在聽。我陷入自己的思緒之中，想著這個問題。

實話是，我沒有答案。

最後，課堂結束，我與學生道別，看著他們邁向下一個階段的未來。但是艾瑞兒的問題卻像根小刺一樣牢牢卡在我腦中。

在我的學術生涯，以及那整個學期，我不斷遇到迫切想逃離內在對話的人，因為那個聲音實在太令人難受。這是情有可原的，我們知道小對話會汙染我們的思緒，讓我們充滿痛苦的負面情緒，時間一長還會損害我們珍視的一切——我們的健康、希望和人際關係。如果你把內在聲音視為折磨者，自然會幻想讓它永遠消音。但事實上，想過正常的生活、甚至是好品質的生活，都絕對不能失去內在聲音。

雖然現代許多文化都鼓勵活在當下，但人類的演化不是為了隨時都這樣活著。

正好相反，我們的內在世界因為有對話而隨時充滿著思想、記憶和想像。多虧了絮絮叨叨的內在對話，我們才能在心智中貯存資訊，省思決定，控制情緒，模擬不同的未來，回憶過去，追蹤自己達成目標的進度，並持續更新自我的故事。我們永遠無法完全擺脫自己的心智，這是讓我們發揮創意的一大驅動力，讓我們能創造新事物，說故事，和夢想未來。

然而，我們不該只在內在對話讓我們情緒變好時，才重視它。負面的內在對話本身並不是壞事。雖然會感到痛苦，但是少量的恐懼、焦慮、憤怒與其他痛苦情緒其實很有用，可以促使我們採取有效方式回應環境的改變。也就是說，很多時候內在對話不是「儘管」會造成痛苦依然珍貴，而是「正因為」會導致痛苦才珍貴。

我們會感受到痛苦是有原因的。痛苦的感受警告我們有危險，發信號要我們採取行動。這個過程為我們提供了龐大的生存優勢。每年都有少數因為基因突變而沒有痛覺的人出生，他們通常會因此在還很年輕時就死去。因為他們感受不到感染的不舒服、滾水的灼熱，或是骨折的劇痛等，所以不知道自己需要幫助，或是自己有多脆弱。

同理，我們內在對話比較嚴厲的那一面也不可或缺。雖然可能讓我們的思緒被負面情緒籠罩，但少了這個關鍵的自省能力，我們就很難學習、改變和進步。在晚宴上講了難笑的笑話是很尷尬，但我很感謝自己可以事後在腦中重演是哪裡出錯了，下次才不會再讓自己（和太太）出糗。

即使有時會讓你感到難受，但你不會想過沒有內在對話的生活，那就好像駕著小船出海，卻沒有船舵。前面章節提到的神經解剖學家泰勒中風時，腦內的語言流逐漸停止，隨之沉默的還有她的小對話，讓她感到意外的愉悅，卻也同時感到空虛與斷裂。我們需要內在對話帶來的週期性痛苦。真正的挑戰不是徹底避免負面狀態，而是不要被它吞噬。

這就要講回我的學生艾瑞兒。

她的問題要表達的是：為什麼她沒有更早學到如何抵禦小對話的浪潮？她和我們所有人一樣，都擁有控制內在對話的各種工具。但是在修課以前，從來沒有人明確告訴她如何管理內在聲音。艾瑞兒的問題讓我開始思考，我們是不是應該更努力分享這些知識。

那次上課後過了幾個星期，我當時四歲的大女兒有天放學後哭著回家。她說班上有個男孩拿走她的玩具，讓她很不開心。她描述事情經過、我試著安慰她時，艾瑞兒的問題又在我腦中浮現。我是控制情緒的專家，但我的女兒卻正為情緒所苦。沒錯，當時她才四歲，情緒控制能力的神經迴路還在發展。儘管如此，這個想法還是困擾著我。

我好奇女兒和同學在學校學習的內容，想知道他們會不會學到艾瑞兒覺得在那堂課以前都沒人告訴她的工具。而十八年後，我的女兒會不會去問另一個教授同一個問題？或者她可能會問我，那一定會讓我感覺自己更差勁。

在之後的數個月，我思索著抽離的各種方法、與自我對話、如何善用並改善人際關係、從環境中找解方，以及使用安慰劑和儀式來調節心智的自癒力。這些技巧早就藏在我們的體內與四周的環境。雖然沒有工具是萬靈丹，它們都可能在內在對話過熱時協助降溫。不過，這些發現似乎還沒確實傳達給世界。

於是我捲起袖子，找來一群志同道合的科學家與教育家，把目前對情緒管理的科學認識，轉化為可融入中學課程的一門課。

我們跑遍全美，與數百名教育者和科學家會面，終於在二〇一七年秋天展開前導研究。目標是將控制情緒，包括如何控制內在對話的研究，轉化為一套課程，並且評估這些資訊對學生的健康、學業表現及人際關係有何影響。我們稱為工具箱計畫（Toolbox Project）。值得慶幸的是，我們的努力開始看到成效。

在前導研究中，美國一所公立學校約四五〇名文化與社經背景各異的學生，參與了我們設計的工具箱課程。結果令人振奮：透過工具箱課程學到寫日記、抽離式自我對話以及挑戰導向的學生，在日常生活中實際運用這些技巧的程度很高。這還只是開始。我們計畫很快展開更大型的研究，會有近一萬兩千名學生參與。

✧ ✧ ✧

工具箱的概念不只是用在我們開發的課程，也是我希望你看完這本書之後能得到的收穫。

抽離是一個工具，不管是把自己想像成牆上蒼蠅，在心裡進行時光旅行，或是在腦中想像自己和困境縮小的畫面。抽離式自我對話也是：你可以使用非第一人稱代名詞或自己的名字與自己對話或談論自己，也可以使用泛指所有人的「你」來將面臨的挑戰常態化。

我們和身邊的人可以擔任彼此的內在對話工具，在對方為小對話所苦時，避免共同芻思，並且找到一個平衡，在給予關懷支持之外，也在對方情緒冷靜後協助他有建設性的重新框架問題。我們也能以隱形的方式幫忙，幫忙處於壓力之下、對自身能力感到不安的人紓解緊張。這些反制小對話的方式也適用於我們日益沉浸其中的數位生活，還有一些務必要避免的網路行為：不要被動的使用社群媒體，也別做出我們在線下世界不會做、缺乏同理心的事情。

另一組工具來自我們周圍的廣大世界。大自然就像是心智的工具間，蘊藏著令人喜悅又有效的方式，幫助復原我們的注意力，對於減少小對話和促進健康大有助益。大自然能讓我們心生敬畏，但我們不需登上山頂也能獲得這樣的經驗，例如去聽音樂會或去敬拜場所，甚至在自己家中的特別時刻（只要想起兩個女兒第一次說「爸爸」的情景，都能重新喚起我心中的敬畏）。

為周遭環境賦予秩序也能帶來慰藉，提振心情，讓思緒清晰，提升表現。另外還有我們的信念，而信念的可塑性對我們大有助益。透過預期心理的神經機制，我們明知是糖片的安慰劑仍能改善健康，進行儀式也有這個功效，不管這些儀式是文化傳統還是我們自己發明出來的。心智的自我療癒力量確實神奇（因為心智能引發敬畏，而不是真的有超自然力量）。

如今你知道了這些工具，最重要的是建立自己的工具箱。這是你必須自己完成的拼圖，而這也是抑制小對話往往很難的原因，即使熟知相關研究亦是如此。

科學已經告訴我們這麼多，但還有更多等待發現。我們才剛開始了解如何整合控制小對話的不同策略，在不同情境下幫助不同的人，或是交替使用時的功效如何。為什麼有些工具比較有效？我們每個人都需要找出對自己最有效的工具。

管理自己的內在對話，不只能幫助我們思緒更清明，也能穩固我們與親朋好友的關係，讓我們為關心的人提供更好的支持，打造更多不會讓人心理倦怠的組織與企業，設計善用自然與秩序的智慧環境，並重新定位數位平台、促進連結與同理心。簡而言之，改變我們與自己的對話，具有改變我們生命的潛力。

✧ ✧ ✧

我對內省的興趣來自我父親，因此每當有人聽到父親在我小時候會鼓勵我「向內探索」和「問自己那個問題」，他們通常也想知道，我碰到小孩心裡難受時，是否也會這樣做。

答案是不會。完全沒有。我不是我爸。但這不表示我不會與孩子討論如何處理小對話。身為家長，我希望孩子快樂、健康、成功，而身為科學家，我知道控制內在對話對於達成上述這些目標有多重要，因此最重要的就是教會女兒這件事。只不過我是用自己的方法。

她們難過時，我會在她們手臂上貼OK繃，並告訴她們如果覺得OK繃會讓自己比較好過一點，就真的會這樣。她們傷心時，我帶她們去家附近綠意盎然的植物園；她們描述遊戲場上或課堂內最新的小爭執時，我會一邊不著痕跡的鼓勵她們拉遠鏡頭、放眼大局；當她們為了最可笑的原因大鬧脾氣時，我請她們想像我和媽媽會怎麼說，然後對自己那樣說；我還會搔她們癢。

寫這本書的過程中，有一件事情清楚浮現，那就是我和太太在兩個女兒與自己的對話中，扮演多重要的角色。我們就是女兒的工具之一，在她們需要時支援她們對抗小對話，我們也創造出她們在家中的文化。我們在塑造她們的內在對話，正如她們也日益影響我們的內在聲音。

我告訴女兒抑制小對話的方法通常有用。不過，我承認她們有時也會不以為然，就像以前我對我爸那樣。但長時間下來，我注意到兩個女兒都開始實踐許多這些方法，以獨特的方式切換不同技巧，探索哪些對自己比較有用。我希望透過這種方式，能幫助兩個女兒掌握她們這一生與自己的對話。

我也提醒女兒和自己，雖然當小對話來襲，可以在自己的思緒和經驗之間拉開距離、保持平靜，但碰到令人喜悅的事情時，我們的反應應該完全相反，要讓自己沉浸其中，我們才能充分感受生命中最珍貴的時刻。

人類心智是演化最偉大的產物之一，不僅讓我們得以生存繁衍，在面對生命無可避免的痛苦時，心智還賦予了我們內在聲音，能歡慶最好的時光，也能從最壞的時刻找到意義。我們應該聆聽的是這個聲音，而不是吵雜的小對話。

最後那一堂課之後，我和艾瑞兒就斷了聯絡，所以她並不知道自己問的問題帶來的後續啟發。不過，如果有天她讀到這本書，她會知道，這本書是從那最後一堂課生出的另一個努力，目標是分享科學已經發現、但尚未在我們文化中生根的各種新知。從某個意義而言，世界上有數不清的艾瑞兒——他們渴望了解自己的心智，了解為什麼會產生小對話，以及可以怎麼控制它。

我寫這本書是為了他們。
為了我自己。
也為了你。
因為沒有人應該在凌晨三點拿著小聯盟球棒在自己家中來回踱步。

附錄

小對話工具箱

本書檢視了各種方法，可以幫助我們避免負面思緒的漩渦，進行清晰、有建設性的思考。許多技巧都是關於改變思考方式，掌控自我對話。但本書的另一個核心是，控制內在對話的策略也存在於外在世界：在人際關係與實體環境之中。科學家已經發現這些工具各自如何運作，不過你得自己找出如何組合，對你的效果最好。

為了協助你進行這個過程，我將本書討論的方法總結整理為三部分：可以自己實踐的工具、運用人際關係的工具，以及與周圍環境有關的工具。每部分都從相對容易實踐的小對話防治策略開始，循序漸進到可能需要更多時間和努力的工具。

可以自己實踐的工具

我們有沒有能力從心智的回聲室「退一步」，讓自己採取更寬廣、更冷靜與更客觀角度，是對抗小對話的重要工具。這部分收錄的多數方法都可以幫我們退一步，不過有些技巧是透過其他途徑運作，例如儀式與迷信。

1. **使用抽離式自我對話**。小對話來襲時，我們可以透過語言來創造距離。處理困難的經驗時，試著使用自己的名字及第二人稱「你」稱呼自己。實驗已證明，這樣做可以讓涉及反芻思考的大腦網絡活躍度較低，能提升壓力下的表現，讓思考更明智、減少負面情緒。

2. **想像你在為朋友提供建議**。這個方法也可以從抽離觀點思考自身經驗：想像你會對經歷同樣問題的朋友說什麼。想想你會給他的建議，然後用在自己身上。

3. **拓寬觀點**。我們會陷入小對話，就是因為過度關注自己正在經歷的問題。所以合理的解決方式就是把視野放寬。想想你擔心的事情相較於你（或其他人）曾經歷過的逆境，想想這件事在你的生命中、在更廣大的格局中所占有的位置，以及你欽佩的人在同樣處境下會怎麼回應。

4. **將經驗視為挑戰**。本書的一個主題，就是你有能力改變思考經驗的方式。小對話的發生，往往是因為你將某個情況解讀為無法處理的威脅。為了幫助內在對話，你可以將這個情況重新詮釋為你有能力處理的一項挑戰，例如提醒自己過去碰到類似情況時也成功度過，或是使用抽離式自我對話。

5. **重新解讀身體對小對話的反應**。壓力的生理症狀（例如約會或簡報前腸胃不適）往往本身就是一種壓力（例如，小對話導致你的肚子咕嚕叫，小對話更停不下來，又導致肚子繼續叫）。發生這種情況時，你可以提醒自己，身體對壓力的反應是一種適應性的演化反應，能在高壓情境下提升表現。換句話說，告訴自己：突然變快的呼吸、狂跳的心臟和出汗的掌心，不是要破壞你的表現，而是要幫助你回應挑戰。

6. **將經驗常態化**。知道某個經驗不是只發生在自己身上，對於緩和小對話很有效。我們可以運用語言做到這一點：思考和談論負面經驗時，使用泛稱所有人的「你」。這能讓我們保持一段健康的距離來省思自己的經驗，也會凸顯出這個經驗不獨屬於你，而是一般人共通的經驗。

7. **在心裡時光旅行**。拉開距離、拓寬視角的另一個方式，是想想一個月、一年，甚至更久之後，你會有什麼感覺。提醒自己，不論現在困擾你的事情是什麼，未來回顧起來都會顯得沒那麼嚴重。這樣做能凸顯當下的情感狀態並不是恆常不變的。

8. **改變觀點**。思考負面經驗時，在腦海中以牆上蒼蠅的俯瞰視角看待事件。試著了解你的「抽離自我」為什麼現在有這些感受。採取這種觀點能讓人減少關注自身情感，多關注於如何重新詮釋事件、讓我們獲得更多洞見、能夠接受放下。你也可以透過想像來拉開距離，用心智的眼睛想像自己不斷遠離問題的場景，就如相機逐漸拉遠鏡頭，直到場景縮小到只剩郵票大小。

9. **以書寫表達**。書寫與負面經驗相關最深刻的想法與感受，每天十五到二十分鐘，持續一至三天。沒有拘束地寫下你的思緒，不用擔心文法或拼字。從敘事者觀點看待自己的經驗，能拉開與這個經驗之間的距離，有助於釐清自己的感受，幫助自己感受變好。

10. **採取中立第三方的觀點**。如果你因為與另一人或一群人有負面的互動，而產生小對話，可以採用中立第三方的旁觀者角度，找到對各方來說最佳的結果。這樣做能減少負面情緒，平息騷動的內在對話，並提升自己與對方的關係品質，包括我們與感情伴侶的關係。

11. **抓住幸運符或擁抱迷信**。我們只要相信某個物品或某種迷信能緩和小對話，往往就能透過大腦的預期能力而達到效果。很重要的是，你不必相信超自然力量，也能從這些行為中受益，只需了解這些行動會如何開啟大腦的療癒力，就能發揮效果。

12. **儀式**。執行具有意義、順序固定的一套行為，能夠提供秩序和控制感，可以在我們經歷小對話時幫上忙。雖然許多儀式（例如禱告和冥想）傳承自家庭與文化，但執行自己發明的儀式同樣能有效抑制小對話。

運用人際關係的工具

當我們思考生命中其他人可以如何幫助我們管理內在對話時，有兩個面向。首先，我們可以如何支持別人對抗小對話？第二，我們自己如何接受他人的支持？

助人對抗小對話的工具

1. **情感與認知需求都要處理**。人在為小對話所苦而尋求幫助時，通常想要滿足兩種需求：他們想要的是關懷與支持（情感需求），另一方面想得到如何放下、往前走的具體建議（認知需求）。要緩和別人的小對話，關鍵就在能同時處理這兩個需求。具體而言，這不只牽涉到同理對方正經歷的事情，還要幫助對方拓寬觀點，提供希望，並將對方的經驗常態化。這個過程可以透過面對面，也可以透過簡訊、社群媒體與其他數位溝通形式。

2. **提供隱形支持**。別人沒有要求，就貿然提出如何減少小對話的建議，可能會得到反效果，因為這會威脅到人們的自我效能與自主感。但這不表示別人在經歷小對話但沒求助時，我們就無法幫忙。在這種情況下，最實際的做法就是提供隱形支持，不讓對方察覺到你的支援。方法很多，其中之一是暗中提供實際協助，例如主動打掃家裡。另一個方法是間接幫助對方拓寬觀點，例如以概括的方式談論其他有過相似經驗的人，例如：「原來大家都覺得當父母壓力很大呢」；或尋求他人的建議，但不透露這個問題意在幫助對方，例如，假如我的同事與研究生相處不太順利，我可能會在與其他指導教授會面的場合，隨口問他們是否曾在與學生建立連結時遭遇困難，他們又是怎麼處理的。

3. **請小孩假裝自己是超級英雄**。這個方法被媒體稱為「蝙蝠俠效應」，是一種抽離策略，對於經歷強烈情緒的小孩特別有用。請孩子假裝成自己仰慕的超級英雄或卡通人物，然後不著痕跡的鼓勵孩子，在面對困難時以那個角色的名字稱呼自己。這可以幫助孩子抽離。

4. **善意又尊重的肢體接觸**。感覺到來自所愛之人的溫暖，不論是被握住手或是彼此擁抱，都能提醒我們意識到自己生命中有支持我們的人可以倚靠，這種心理上的轉換可以緩解小對話。帶著善意的肢體接觸，也能在無意識層面誘發大腦釋放腦內啡及其他可緩解壓力的化學物質，如催產素。當然，善意的接觸必須在對方樂意接受的前提下才有效。
5. **當別人的安慰劑**。他人可以強烈影響我們的信念，包括我們預期自己多能應付小對話、又能維持多久。我們可以利用這種方式，為對方提供樂觀的預期，告訴對方你認為他的狀況會改善，這就會改變他們對小對話的預期。

依靠他人協助的小對話對抗工具

1. **建立顧問團**。找到對的談話對象，也就是有能力滿足你在情感和認知雙方面需求的人，是善用他人力量的第一步。依據引發小對話的不同事件，會有具備不同能力的人可以幫助你。你的同事可能可以針對工作問題為你提供建議，你的伴侶可能更適合提供人際困境上的意見。在任何領域，有愈多人能為你提供小對話諮詢愈好。建立一個背景多樣的小對話顧問團，這群密友能在各種會引發混亂內在對話的生活領域給予你支持。

2. **主動尋求肢體接觸**。你不必等待別人給你親切或支持的肢體接觸。既然知道了好處，你可以主動尋求，請你信賴的人給你一個擁抱，或只是簡單的握握你的手。不僅如此，你甚至不用真的碰觸到另一個人，也能獲得這些好處。擁抱具安慰力量的物品，例如一個泰迪熊娃娃或是安心被，也有幫助。

3. **看看所愛之人的照片**。想著關懷我們的人，能提醒我們困擾時有人可以支持自己。看著所愛之人的照片，可以在被小對話淹沒時安撫內在對話。

4. **與他人一起進行儀式**。雖然許多儀式可以獨自進行，但是與別人一起進行儀式，例如集體冥想或祈禱，運動團隊的賽前慣例，甚至只是每次和朋友乾杯都說同樣的話，往往會產生額外的好處，給人受到支持與超越小我的感覺，減少孤單的感受。

5. **盡量減少被動使用社群媒體**。帶著窺視心理滑手機，瀏覽他人在臉書、Instagram 與其他社群平台經過挑選的動態消息，可能觸發挫折感、引發嫉妒的漩渦。一種緩解的方式是減少被動使用社群媒體。反之，試著主動利用這些科技平台在適當的時候與他人建立連結。

6. **使用社群媒體獲取支持**。雖然社群媒體可能引發小對話，但這些平台也提供前所未有的機會，讓我們拓廣小對話支援網絡的規模與範圍。不過，如果你想用這種方式尋求支持，要小心別太衝動地分享負面思緒，風險是事後你可能會後悔，也可能造成別人困擾。

周圍環境中的工具

1. **在環境裡創造秩序**。經歷小對話時，我們往往會感覺失控了。思緒的漩渦反過來控制我們。發生這種情況時，你可以在周遭環境創造秩序，提升自己的掌控感。整理環境可以有很多形式，打掃工作或居家空間，擬定清單，安置周圍的物品，都是常見的例子。找到屬於你自己整理空間的方式，幫助自己獲得心理上的秩序感。

2. **多接觸綠色空間**。待在綠色空間裡有助於大腦補充有限的注意力儲量，幫助對抗小對話。經歷小對話時，到林蔭街道或公園裡散散步。如果沒辦法，在電腦上看一段與自然有關的影片，看看綠色景物的照片，甚至聽聽除噪機播放的自然聲響。你也可以在自己生活與工作的空間放綠色植物，創造對內在對話很有好處的環境。

3. **投入引發敬畏感的體驗**。生起敬畏，能讓我們超越當下的憂慮，把自己的問題放在更大的格局中觀察。當然，讓每個人產生敬畏感的經驗都不同。對有些人而言，是看到讓人屏息的壯麗景觀；對其他人則是孩子各個成長里程碑的回憶；對另一些人可能是凝視一件出色的藝術品。找出能讓你充滿敬畏感的事物，然後在內在對話開始掉入負面漩渦時，努力培養這種感覺。你也可以考慮在周圍創造一些空間，只要看一眼就能在內心引發敬畏感。

致謝

寫這本書的種子，在三十七年前我父親開始鼓勵我向內探索時種下。寫書時，他的聲音一直陪伴著我。

給我的學生、合作夥伴與同事（實在受到太多人幫助，我無法逐一舉出）：沒有你們，就沒有這本書。與你們共事是我的榮幸，希望這本書讓每個人都和我一樣，因為你們的智慧而受益。

少了家人的支持，我很難想像自己能完成這個計畫。有好幾年，我的太太蘿拉每天都耐心傾聽我談論這本書。她讀了本書的每一個字，而且從未停止為我加油打氣。我不敢想要是沒有蘿拉，我們的小孩會在哪裡（很可能困在學校，衣衫襤褸，餓著肚子，納悶著我為什麼沒去接他們放學）。沒有蘿拉，我也不會知道自己在哪裡。我確信我岳父巴瑟爾當初說隨時願意提供建議時，其實不知道自己答應了什麼。我接受了他的好意，不斷詢問他的意見。感謝你們恆常的愛與支持。母親、厄瑪、凱倫、伊安、萊拉和歐文——感謝你們忍受我的經常缺席，我在度假時工作也沒有（太）嚴厲的評判我。我愛你們每一個人。

我非凡的作家經紀人亞伯拉罕（Doug Abrams）不僅絕頂聰明、見聞廣博、身材高大，還有一顆最了不起的心。他想創造美好世界的強大動力令人著迷。在我之前就對這本書有清晰的想法，為了讓這本書成真而努力不懈。他的聲音也是我書寫時樂於獲得的陪伴。修曼（Aaron Shulman）起初是我的寫作指導，最後變成親近的朋友。他教我如何為大眾讀者而寫，解開了找到好故事的祕密，在我的散文流於平板時為之增色，也在文稿進入最後衝刺時協助我抵達終點線。他是我的終極文學嚮導。勒孚（Lara Love）為本書每一章提供了洞見十足的回饋，耐心為我說明出版產業的運作，也花了無數時間和我培養感情。她的溫暖和智慧讓寫這本書的過程樂趣十足。我在企鵝藍燈書屋（Penguin Random House）的編輯杜根（Tim Duggan）

是夢幻同事，思考縝密、耐心十足又富同理心，從我們一開始合作就一路呵護這本書，從未停止。他目光敏銳的編輯，以及在文稿某處少講一些、在別處又挖掘更深一些的溫和鼓勵，讓這本書改頭換面。有機會與他共事，我永遠感激。希望我們還能再合作一次。

想到曾為這本書出力的許多人，我非常感動。我在英國的編輯李克特（Joel Rickett）提出了數輪回饋意見，都能洞見癥結。他建議在書的每一頁都要有一個「原來如此」時刻，這成為引導我寫作的真言，而我在他鼓勵下探究小對話如何出現在夢裡，至今仍是我最喜歡的段落之一。沃夫斯勞（Will Wolfslau）讀了每一章並提出無數建議，改善了最後成品。奧柏瑞．馬汀森（Aubrey Martinson，還有威爾）熟練的推動出版流程，每一步都讓我知道進度如何。斯特恩（Molly Stern）從看到提案起就全力支持這本書。克雷曼（Rachel Klayman）、貝瑞（Emma Berry）和布雷克（Gillian Blake）都為數章文稿提供了出色的意見。他們的建議增加了這本書的深度與廣度，我深深感激。最後，內斯特拉克（Evan Nesterak）是事實查證天才。他的仔細讓我晚上得以安睡，因為我知道每一則故事細節都經過確認。

Idea Architects 作者經紀公司充滿了聰明、熱愛工作的人們。感謝 Rachel Neuman、Ty Love、Cody Love、Janelle Julian、Boo Prince、Mariah Sanford、Katherine Vaz、Kelsey Sheronas、Esme Schwall Weigand 與團隊所有人的一切協助。謝謝企鵝藍燈書屋的 Steve Messina、Ingrid Sterner、Robert Siek、Linnea Knollmueller、Sally Franklin、Elizabeth Rendfleisch、Chris Brand、Julie Cepler、Dyana Messina 與 Rachel Aldrich。感謝英國企鵝藍燈書屋旗下 Ebury 出版社的 Leah Feltham 與 Serena Nazareth。經紀公司 Abner Stein 與 Marsh Agency 協助在全球行銷這本書。感謝為本書付出的 Caspian Dennis、Sandy Violette、Felicity Amor、Sarah McFadden、Saliann St. Clair、Camilla Ferrier、Jemma McDonagh、Monica Calignano 與經紀團隊的所有人。

米歇爾教授（Walter Mischel）在這本書問世前溘然長逝。他的影響充滿了本書的每一頁。艾杜克（Özlem Ayduk）和我從研究所就是好友兼研究夥伴。她堅定的友誼和支持在本書寫作期間給了我動力。本書也充滿她的智慧。

達克沃斯（Angela Duckworth）是我認識最忙碌的科學家。然而她總會很快回我電話，也總能提供明智的建議和真誠的鼓勵。梅爾（David Mayer）在我們每週一起跑步時耐心聆聽我說的無數個故事。莫瑟（Jason Moser）是最好的腦力激盪夥伴，在我遇到寫書的困難議題上提供了冷靜睿智的觀點。在研究所認識札奇（Jamil Zaki）時，我絕沒想到我們最後會同時寫書。他是最標準的小對話顧問。

Adam Grant、Susan Cain、Dan Pink、Dan Heath、Jane McGonigal、Maria Konnikova、Adam Alter、Elissa Epel、Sonja Lyubomirsky、Dave Evans、Tom Boyce、James Doty、John Bargh、Scott Sonenshein 與 Andy Molinsky 從這本書構想之初就大力支持。感謝你們的鼓勵之語。

數十人大方和我分享他們了不起的故事。謝謝你們。少了這些故事，這本書不會成為現在的模樣。

我很幸運擁有才能傑出也願意慷慨撥出時間的同事。John Jonides、Susan Gelman、Oscar Ybarra、Luke Hyde、Jacinta Beeher、Gal Sheppes、Daniel

Willingham、David Dunning、Steve Cole、Ariana Orvell、Marc Berman、Rudy Mendoza Denton、Andrew Irving、Ming Kuo、Amie Gordon、Marc Seery、Scott Paige、Lou Penner、Nick Hoffman、Dick Nisbett、Shinobu Kitayama、Stephanie Carlson、Rachel White、Craig Anderson、Janet Kim、Bernard Rimé、Walter Sowden、Philippe Verduyn與Tor Wager在本書寫作過程中都提供了很有幫助的回饋。在此也對密西根大學致謝，這是一個獨特的機構，鼓勵教員提出重要的「大」問題。少了密西根大學的支持，我在書中談到的許多研究都不可能進行。我也感謝國家衛生研究院（National Institutes of Health）、國家科學基金會（National Science Foundation），河谷學校（Riverdale Country School）、人格研究室（Character Lab）、臉書和約翰·坦伯頓基金會（John Templeton Foundation）的支持。當然，書中呈現的都是我的觀點，並不一定反映這些機構的看法。

最後寫給瑪雅和達妮。寫這本書最糟糕的事情（遠比其他事情都糟糕）就是會剝奪我們相處的時間。謝謝你們對我充滿愛和耐心。我回來了！

參考資料

題詞

11 「最大的挑戰」：Cathleen Falsani, "Transcript: Barack Obama and the God Factor Interview," *Sojourners,* March 27, 2012, sojo.net/articles/transcript-barack-obama-and-god-factor-interview.

11 「我腦子裡的聲音」：Dan Harris, *10% Happier: How I Tamed the Voice in My Head, Reduced Stress Without Losing My Edge, and Found Self-Help That Actually Works—a True Story* (New York: It Books, 2014).

前言

17 哥倫比亞廣播公司（CBS）晚間新聞："Pain of Rejection: Real Pain for the Brain," CBS News, March 29, 2011, www.cbsnews.com/news/pain-of -rejection-real-pain-for-the-brain/. 這段節目可以透過這個網址觀賞：selfcontrol.psych.lsa.umich.edu/wp-content/uploads/2017/08/Why-does-a-broken-heart-physically-hurt.mp4。

24 最重要的演化進展之一：Janet Metcalfe and Hedy Kober, "Self-Reflective Consciousness and the Projectable Self," in *The Missing Link in Cognition: Origins of Self-Reflective Consciousness,* ed. H. S. Terrace and J. Metcalfe (Oxford: Oxford University Press, 2005), 57–83.

24 近年來：此段中提到的論點在後面幾章中皆有詳述，相關參考資料在論及時提供。小對話如何影響細胞層面老化的討論請見第二章有關「疾病與感染」的注釋。

26 不是活在當下：Matthew A. Killingsworth and Daniel T. Gilbert, "A Wandering Mind Is an Unhappy Mind," *Science* 330 (2010): 932; Peter Felsman et al., "Being Present: Focusing on the Present Predicts Improvements in Life Satisfaction but Not

Happiness," *Emotion* 17 (2007): 1047–1051; Michael J. Kane et al., "For Whom the Mind Wanders, and When, Varies Across Laboratory and Daily-Life Settings," *Psychological Science* 28 (2017): 1271–1289. 如Kane et al.的文章所闡明，心智漫遊的程度當然因人而異。我在引言中提及的是平均數字，在本書中呈現的其他統計數字也多為平均值。

27 「預設狀態」：2001年出版的一篇論文引爆了針對「預設狀態」的大量研究，見Marcus E. Raichle et al., "A Default Mode of Brain Function," *Proceedings of the National Academy of Sciences of the United States of America* 98 (2001): 676–682。後續研究指向預設狀態活動與心智漫遊之間有所連結：Malia F. Mason et al., "Wandering Minds: The Default Network and Stimulus-Independent Thought," *Science* 315 (2007): 393–395。另見Kalina Christoff et al., "Experience Sampling During fMRI Reveals Default Network and Executive System Contributions to Mind Wandering," *Proceedings of the National Academy of Sciences of the United States of America* 106 (2009): 8719–8724。

27 脫離當下時：如我在第一章中說明，我們的預設模式不限於語言推理（verbal reasoning）。例如，我們在心智漫遊時也能進行視覺-空間推理（visual-spatial reasoning）。儘管如此，語言推理是心智漫遊的中心成分。舉例而言，在針對此主題最早的一項嚴謹研究中，Eric Klinger與W. Miles Cox的結論是「思想內容通常伴隨某種程度的內在獨白，」而他們對內在獨白的定義為：「我在整個思考過程中都在跟自己說話。」他們進一步指出，「內在獨白在思想流中的普遍程度，至少與視覺心像一樣。」Eric Klinger and W. Miles Cox, "Dimensions of Thought Flow in Everyday Life," *Imagination, Cognition, and Personality* 7 (1987): 105–128. 另見Christopher L. Heavey and Russell T. Hurlburt, "The Phenomena of Inner Experience," *Consciousness and Cognition* 17 (2008): 798–810; and David Stawarczyk, Helena Cassol, and Arnaud D'Argembeau, "Phenomenology of Future-Oriented Mind-Wandering Episodes," *Frontiers in Psychology* 4 (2013): 1–12。

27 自文明伊始：Halvor Eifring, "Spontaneous Thought in Contemplative Traditions," in *The Oxford Handbook of Spontaneous Thought: Mind-Wandering, Creativity, and Dreaming,* ed. K. Christoff and K. C. R. Fox (New York: Oxford University Press, 2018), 529–538. Eifring將自發思維（spontaneous thought）想為一種心智游移（mind-wandering），而一如前述（見「脫離當下時」），這往往牽涉到內在獨白。更廣泛而言，內在語言自古以來就在宗教信仰中扮演顯著角色的想法，已有幾位學者探討過。舉例而言，Christopher C. H. Cook指出，「在當代宗教經驗中，將腦中聲音歸於神聖來源是確鑿無

疑的，」見：Christopher C. H. Cook, *Hearing Voices, Demonic and Divine* (London: Routledge, 2019)。更多討論可見Daniel B. Smith, *Muses, Madmen and Prophets: Hearing Voices and the Borders of Sanity* (New York: Penguin Books, 2007); T. M. Luhrmann, Howard Nusbaum, and Ronald Thisted, "The Absorption Hypothesis: Learning to Hear God in Evangelical Christianity," *American Anthropologist* 112 (2010): 66–78; Charles Fernyhough, *The Voices Within: The History and Science of How We Talk to Ourselves* (New York: Basic Books, 2016); and Douglas J. Davies, "Inner Speech and Religious Traditions," in *Theorizing Religion: Classical and Contemporary Debates,* ed. James A. Beckford and John Walliss (Aldershot, England: Ashgate Publishing, 2006), 211–223。

28 大約每十人就有一個人：K. Maijer et al., "Auditory Hallucinations Across the Lifespan: A Systematic Review and Meta-Analysis," *Psychological Medicine* 48 (2018): 879–888.

29 聲音機能障礙：Ron Netsell and Klaas Bakker, "Fluent and Dysfluent Inner Speech of Persons Who Stutter: Self-Report," Missouri State University Unpublished Manuscript (2017). 相關討論見M. Perrone-Bertolotti et al., "What Is That Little Voice Inside My Head? Inner Speech Phenomenology, Its Role in Cognitive Performance, and Its Relation to Self-Monitoring," *Behavioural Brain Research* 261 (2014): 220–239, and Charles Fernyhough, *The Voices Within: The History and Science of How We Talk to Ourselves*。然而有證據顯示，口吃的人若被要求講繞口令，即使在內在語言中，也會和發聲說話時一樣犯錯，見"Investigating the Inner Speech of People Who Stutter: Evidence for (and Against) the Covert Repair Hypothesis," *Journal of Communication Disorders* 44 (2011): 246–260。

29 他們會對自己比手語：使用手語的失聰者也會「自言自語」，但是他們內在語言的顯現方式與聽覺正常人口既有相似也有差異處。Margaret Wilson and Karen Emmorey, "Working Memory for Sign Language: A Window into the Architecture of the Working Memory System," *Journal of Deaf Studies and Deaf Education* 2 (1997): 121–130; Perrone-Bertolotti et al., "What Is That Little Voice Inside My Head?" ; and Helene Loevenbruck et al., "A Cognitive Neuroscience View of Inner Language: To Predict and to Hear, See, Feel," in *Inner Speech: New Voices,* ed. P. Langland-Hassan and Agustin Vicente (New York: Oxford University Press, 2019), 131–167. 舉例而言，一項腦部影像研究發現，支援聽覺正常者內在語言的左前額葉皮質區域，會在全聾者被要求以內在手語無聲地把一個句子接下去的時候（例如「我是……」），活躍起來。見Philip K. McGuire et al., "Neural

Correlates of Thinking in Sign Language," *NeuroReport* 8 (1997): 695–698。這些發現大致上與某些研究的結果一致，這些研究顯示，支援聽覺正常者口語和支援失聰者手語的大腦區域有重疊。要了解手語和口語如何能共享同樣的神經迴路，可以考慮這個事實：兩種語言由一**模一樣**的原則所掌管（例如構詞、語法、語意和語音），見Laura Ann Petitto et al., "Speech-Like Cerebral Activity in Profoundly Deaf People Processing Signed Languages: Implications for the Neural Basis of Human Language," *Proceedings of the National Academy of Sciences of the United States of America* 97 (2000): 13961–13966。

29 每分鐘說出四千字：Rodney J. Korba, "The Rate of Inner Speech," *Perceptual and Motor Skills* 71 (1990): 1043–1052. 在這篇論文中，研究者要求參與者記錄他們用來解開口語文字謎題的「內在語言」，接著以完整使用述語的語言（fully predicated speech）說出解答。參與者默想解答的速度，比他們以「表達性語言」（expressive speech）說出來快了約11倍。這項研究顯示，雖然我們可以在心中默想完整句子，但內在語言也可以較為濃縮的形式發生，速度比說出聲快很多。相關討論請見Simon McCarthy Jones and Charles Fernyhough, "The Varieties of Inner Speech: Links Between Quality of Inner Speech and Psychopathological Variables in a Sample of Young Adults," *Consciousness and Cognition* 20 (2011): 1586–1593。

29 國情咨文演說：我將「當代美國總統的國情咨文演說」定義為從2001年起到2020年能取得資料的最近一次演說。Gerhard Peters, "Length of State of the Union Address in Minutes (from 1966)," in The American Presidency Project, ed. John T. Woolley and Gerhard Peters (Santa Monica, CA: University of California, 1999–2020). Available from the World Wide Web: https://www.presidency.ucsb.edu/node/324136/.

30 傷害自己的事：歷史上，心理學家曾以不同用語指稱看來相似的小對話相關過程（例如「芻思」、「事件後處理」（post-event processing）、「慣性負面自我思考」（habitual negative self-thinking）、「慢性壓力」和「憂慮」）。雖然在某些情況中，這些不同的重複性負面思考有微妙不同（例如，芻思的焦點往往是過去，而憂慮則是未來導向），但科學家在討論時往往將它們視為屬於同一個單一構念，即「固著認知」（perseverative cognition）或「負面重複思考」。我在本書中以「小對話」一詞表達這個概念。這些議題的相關討論請見Jos F. Brosschot, William Gerin, and Julian F. Thayer, "The Perseverative Cognition Hypothesis: A Review of Worry, Prolonged Stress-Related Physiological Activation, and Health," *Journal of Psychosomatic Research* 60 (2006): 113–124；and Edward R. Watkins, "Constructive and Unconstructive

Repetitive Thought," *Psychological Bulletin* 134 (2008): 163–206。

第一章

34 十四個月：這項計畫的時間範圍見厄文在曼徹斯特大學的網頁：www.research.manchester.ac.uk/portal/en/researchers/andrew-irving(109e5208-716e-42e8-8d4f-578c9f556cd9)/projects.html?period=finished。

34 一百位紐約客："Interview: Dr. Andrew Irving & 'New York Stories,' " June 10, 2013, Wenner-Gren Foundation, blog.wennergren.org/2013/06/interview-dr-andrew-irving-new-york -stories/; and Andrew Irving, *The Art of Life and Death: Radical Aesthetics and Ethnographic Practice* (New York: Hau Books, 2017).

35 曾在非洲從事田野工作：厄文的非洲田野工作相關討論請見Andrew Irving, "Strange Distance: Towards an Anthropology of Interior Dialogue," *Medical Anthropology Quarterly* 25 (2011): 22–44; and Sydney Brownstone, "For 'New York Stories,' Anthropologist Tracked 100 New Yorkers' Inner Monologues Across the City," *Village Voice*, May 1, 2013。

39 心智很喜歡時光旅行：Thomas Suddendorf and Michael C. Corballis, "The Evolution of Foresight: What Is Mental Time Travel, and Is It Unique to Humans?," *Behavioral and Brain Sciences* 30 (2007): 299–351.

40 處理的往往是負面內容：厄文指出，雖然參與者想的事情不盡相同，但他還是驚訝於有多少人想的是負面主題，例如經濟動盪和恐怖主義。Brownstone, "For 'New York Stories,' Anthropologist Tracked 100 New Yorkers' Inner Monologues Across the City."

40 正是預設狀態的主要特徵：Eric Klinger, Ernst H. W. Koster, and Igor Marchetti, "Spontaneous Thought and Goal Pursuit: From Functions Such as Planning to Dysfunctions Such as Rumination," in Christoff and Fox, *Oxford Handbook of Spontaneous Thought,* 215–232; Arnaud D'Argembeau, "Mind-Wandering and Self-Referential Thought," in ibid., 181–192; and A. Morin, B. Uttl, and B. Hamper, "Self-Reported Frequency, Content, and Functions of Inner Speech," *Procedia: Social and Behavioral Journal* 30 (2011): 1714–1718.

41 非語言形式：見引言有關「脫離當下時」的注釋。

42 神經再利用：Michael L. Anderson, "Neural Reuse: A Fundamental Principle of the Brain," *Behavioral and Brain Sciences* 33 (2010): 245–313.

43 語音迴路：Alan Baddeley, "Working Memory," *Science* 255 (1992): 556–559. Also see Alan Baddeley and Vivien Lewis, "Inner Active Processes in Reading: The Inner Voice, the Inner Ear, and the Inner Eye," in *Interactive Processes in Reading*, ed. A. M. Lesgold and C. A. Perfetti (Hillsdale, NJ: Lawrence Erlbaum, 1981), 107–129; Alan D. Baddeley and Graham J. Hitch, "The Phonological Loop as a Buffer Store: An Update," *Cortex* 112 (2019): 91–106; and Antonio Chella and Arianna Pipitone, "A Cognitive Architecture for Inner Speech," *Cognitive Systems Research* 59 (2020): 287–292.

44 嬰兒期就開始發展：Nivedita Mani and Kim Plunkett, "In the Infant's Mind's Ear: Evidence for Implicit Naming in 18-Month-Olds," *Psychological Science* 21 (2010): 908–913. 相關討論見Ben Alderson-Day and Charles Fernyhough, "Inner Speech: Development, Cognitive Functions, Phenomenology, and Neurobiology," *Psychological Bulletin* 141 (2015); and Perrone-Bertolotti et al., "What Is That Little Voice Inside My Head?"

44 語言發展和自我控制的相關性：Lev Vygotsky, *Thinking and Speech: The Collected Works of Lev Vygotsky*, vol. 1 (1934; New York: Plenum Press, 1987). Also see Alderson-Day and Fernyhough, "Inner Speech"; and Perrone-Bertolotti et al., "What Is That Little Voice Inside My Head?"

45 數十年的社會化研究指出：父母在社會化過程中扮演複雜的角色，凸顯這一點的研究請見W. Andrew Collins et al., "Contemporary Research on Parenting: The Case for Nature and Nurture," *American Psychologist* 55 (2000): 218–232。闡述父母在孩童情感生活中扮演角色的近期研究包括一項大型整合分析，顯示父母行為和幾項情感調適結果間的正面連結具統計顯著性。見Michael M. Barger et al., "The Relation Between Parents' Involvement in Children's Schooling and Children's Adjustment: A Meta-analysis," *Psychological Bulletin* 145 (2019): 855–890。

46 形塑我們自己的語言流：關於語言在文化觀念傳遞上的角色更全面的討論，請見Susan A. Gelman and Steven O. Roberts, "How Language Shapes the Cultural Inheritance of Categories," *Proceedings of the National Academy of Sciences of the United States of America* 114 (2017): 7900–7907; and Roy Baumeister and E. J. C. Masicampo, "Conscious Thought Is for Facilitating Social

and Cultural Interactions,” *Psychological Review* 117 (2010): 945–971。

46 更廣泛的文化所形塑：Hazel R. Markus and Shinobu Kitayama, “Culture and the Self: Implications for Cognition, Emotion, and Motivation,” *Psychological Review* 98 (1991): 224–253.

46 宗教和其教導的價值觀：Adam B. Cohen, “Many Forms of Culture,” *American Psychologist* 64 (2009): 194–204.

46 更早發展出內在語言：Laura E. Berk and Ruth A. Garvin, “Development of Private Speech Among Low-Income Appalachian Children,” *Developmental Psychology* 20 (1984): 271–286; Laura E. Berk, “Children's Private Speech: An Overview of Theory and the Status of Research,” in *Private Speech: From Social Interaction to Self-Regulation,* eds. Rafael M. Diaz and Laura E. Berk (New York: Psychology Press, 1992), 17–54.

47 想像中的朋友：Paige E. Davis, Elizabeth Meins, and Charles Fernyhough, “Individual Differences in Children's Private Speech: The Role of Imaginary Companions,” *Journal of Experimental Child Psychology* 116 (2013): 561–571.

47 以及其他許多理想特質：Amanda Grenell and Stephanie M. Carlson, “Pretense,” in *The Sage Encyclopedia of Contemporary Early Childhood Education,* ed. D. Couchenour and J. K. Chrisman (New York: Sage, 2016), 1075–1077.

47 與目標相關的想法：闡述這一點的研究請見Arnaud D'Argembeau, Olivier Renaud, and Martial Van der Linden, “Frequency, Characteristics, and Functions of Future-Oriented Thoughts in Daily Life,” *Applied Cognitive Psychology* 25 (2011): 96–103; Alain Morin, Christina Duhnych, and Famira Racy, “Self-Reported Inner Speech Use in University Students,” *Applied Cognitive Psychology* 32 (2018): 376–382; and Akira Miyake et al., “Inner Speech as a Retrieval Aid for Task Goals: The Effects of Cue Type in the Random Task Cuing Paradigm,” *Acta Psychologica* 115 (2004): 123–142。另見Adam Winsler, “Still Talking to Ourselves After All These Years: A Review of Current Research on Private Speech,” in *Private Speech, Executive Functioning, and the Development of Verbal Self-Regulation,* ed. A. Winsler, C. Fernyhough, and I. Montero (New York: Cambridge University Press, 2009), 3–41。

47 在腦中進行沙盤推演：D'Argembeau, Renaud, and Van der Linden, “Frequency, Characteristics, and Functions of Future-Oriented Thoughts in Daily Life”；D'Argembeau, “Mind-Wandering and Self-Referential Thought”；and Morin, Duhnych, and Racy, “Self-Reported Inner Speech Use in University Students.”

48 歷史上，心理學家把夢視為：對夢的研究明晰有力的評述請見Erin J. Wamsley, "Dreaming and Waking Thought as a Reflection of Memory Consolidation," in Christoff and Fox, *Oxford Handbook of Spontaneous Thought*, 457–468。

49 有許多相似處：Kieran C. R. Fox et al., "Dreaming as Mind Wandering: Evidence from Functional Neuroimaging and First-Person Content Reports," *Frontiers in Human Neuroscience* 7 (2013): 1–18; Tracey L. Kahan and Stephen P. LaBerge, "Dreaming and Waking: Similarities and Differences Revisited," *Consciousness and Cognition* 20 (2011): 494–514; Lampros Perogamvros et al., "The Phenomenal Contents and Neural Correlates of Spontaneous Thoughts Across Wakefulness, NREM Sleep, and REM Sleep," *Journal of Cognitive Neuroscience* 29 (2017): 1766–1777; and Erin J. Wamsley, "Dreaming and Waking Thought as a Reflection of Memory Consolidation."

49 夢很可能是有功能的：夢在模擬威脅中扮演一角，相關討論見Katja Valli and Antti Revonsuo, "The Threat Simulation Theory in Light of Recent Empirical Evidence: A Review," *American Journal of Psychology* 122 (2009): 17–38; and Antti Revonsuo, "The Reinterpretation of Dreams: An Evolutionary Hypothesis of the Function of Dreaming," *Behavioral and Brain Sciences* 23 (2001): 877–901。另見J. Allan Hobson, "REM Sleep and Dreaming: Towards a Theory of Protoconsciousness," *Nature Reviews Neuroscience* 10 (2009): 803–813。

49 語言在我們創造自我時：Arnaud D'Argembeau et al., "Brains Creating Stories of Selves: The Neural Basis of Autobiographical Reasoning," *Social Cognitive Affective Neuroscience* 9 (2014): 646–652; Raymond A. Mar, "The Neuropsychology of Narrative: Story Comprehension, Story Production, and Their Interrelation," *Neuropsychologia* 42 (2004): 1414–1434; and Baumeister and Masicampo, "Conscious Thought Is for Facilitating Social and Cultural Interactions" ; Kate C. McLean et al., "Selves Creating Stories Creating Selves: A Process Model of Self-Development," *Personality and Social Psychology Review* 11 (2007): 262–278. 關於語言在自傳式推理中扮演的角色，更全面的討論請見Robyn Fivus, "The Stories We Tell: How Language Shapes Autobiography," *Applied Cognitive Psychology* 12 (1998): 483–487。

51 她的大腦出狀況了：我以兩個來源講述泰勒的故事，一個是她的書，*My Stroke of Insight: A Brain Scientist's Personal Journey* (New York: Penguin Books, 2008)，另一個是她的TED演講， "My Stroke of Insight," www.ted.com/talks/jill_bolte_taylor_s_

powerful_stroke _of_insight?language=en，兩者我都在文中引用。Alain Morin的一篇文章以私語（private speech）為脈絡分析泰勒的案例，感謝他使我注意到這個例子：Alain Morin, "Self-Awareness Deficits Following Loss of Inner Speech: Dr. Jill Bolte Taylor's Case Study," *Consciousness and Cognition* 18 (2009): 524–529。

55 內在經驗一貫地壓倒外在經驗：Killingsworth and Gilbert, "Wandering Mind Is an Unhappy Mind."

第二章

58 第一記暴投：我依據幾個來源講述安凱爾的故事，一個是Rick Ankiel, *The Phenomenon: Pressure, the Yips, and the Pitch That Changed My Life* (New York: PublicAffairs, 2017)，我在文中引用了其內容，另一個來源是這篇文章：Gary Waleik, "Former MLB Hurler Remembers 5 Pitches That Derailed His Career," *Only a Game,* WBUR, May 19, 2017, www.wbur.org/onlyagame/2017/05/19/rick-ankiel-baseball；以及Rick Ankiel, "Letter to My Younger Self," *The Players' Tribune,* Sept. 18, 2017, https://www.theplayerstribune.com/en-us/articles/rick-ankiel -letter-to-my-younger-self-cardinals。

59 全國轉播的電視上：Waleik, "Former MLB Hurler Remembers 5 Pitches That Derailed His Career."

59 觀眾的驚呼聲：MLB.com. YouTube: https://www.you tube.com/watch?time_continue=5&v=KDZX525CSvw&feature=emb_title.

62 再也沒有以職業球員身分投球：Baseball-reference.com: https://www.baseball-reference.com/players/a/ankieri01.shtml.

62 影響我們的注意力：Sian Beilock是全世界研究運動員在壓力下失常的首要專家之一。我參考了她在這篇文章中描述的研究：Sian L. Beilock and Rob Gray, "Why Do Athletes Choke Under Pressure?," in *Handbook of Sport Psychology,* 3rd ed., ed. G. Tenenbaum and R. C. Eklund (Hoboken, NJ: John Wiley and Sons, 2007), 425–444。

63 注意力讓我們得以：Michael I. Posner and Mary K. Rothbart, "Research on Attention Networks as a Model for the Integration of Psychological Science," *Annual Review of Psychology* 58 (2007): 1–23.

63 「這個動作需要」："Amanda Prahl, "Simone Biles Made History with Her Triple Double—Here's What That Term Actually Means," *PopSugar,* Aug. 15, 2019, www.popsugar.com/fitness/What-Is-Triple-Double-in-Gymnastics-46501483. 另見Charlotte Caroll, "Simone Biles Is First-Ever Woman to Land Triple Double in Competition on Floor," *Sports Illustrated,* Aug. 11, 2019, https://

www.si.com/olympics/2019/08/12/simone-biles-first-ever-woman-land-triple-double-competition-video.

64 他的技能自動化連結被切斷：Beilock and Gray, "Why Do Athletes Choke Under Pressure?" 這篇文章通常以dechunked一詞來形容我稱之為「斷了連結」（unlinked）的過程。

65 分析導致癱瘓：Sian Beilock, *Choke* (New York: Little, Brown, 2011)。

66 導引思緒和行為：Adele Diamond, "Executive Functions," *Annual Review of Psychology* 64 (2013): 135–168.

67 負載有限：Amitai Shenhav et al., "Toward a Rational and Mechanistic Account of Mental Effort," *Annual Review of Neuroscience* 40 (2017): 99–124.

67 有限負載最經典的例子：Nelson Cowan, "The Magical Mystery Four: How Is Working Memory Capacity Limited, and Why?," *Current Directions in Psychological Science* 19 (2010): 51–57.

67 占據我們的神經負載：固著認知會削弱執行功能的想法，已從幾種角度被研究過。見Michael W. Eysenck et al., "Anxiety and Cognitive Performance: Attentional Control Theory," *Emotion* 7 (2007): 336–353; Hannah R. Snyder, "Major Depressive Disorder Is Associated with Broad Impairments on Neuropsychological Measures of Executive Function: A Meta-analysis and Review," *Psychological Bulletin* 139 (2013): 81–132; and Tim P. Moran, "Anxiety and Working Memory Capacity: A Meta-analysis and Narrative Review," *Psychological Bulletin* 142 (2016): 831–864。

68 考試失常：Nathaniel von der Embse et al., "Test Anxiety Effects, Predictors, and Correlates: A 30-Year Meta-analytic Review," *Journal of Affective Disorders* 227 (2018): 483–493.

68 使藝術表演者怯場：Dianna T. Kenny, "A Systematic Review of Treatments for Music Performance Anxiety," *Anxiety, Stress, and Coping* 18 (2005): 183–208.

68 最初開價偏低：Alison Wood Brooks and Maurice E. Schweitzer, "Can Nervous Nelly Negotiate? How Anxiety Causes Negotiators to Make Low First Offers, Exit Early, and Earn Less Profit," *Organizational Behavior and Human Decision Processes* 115 (2011): 43–54.

69 比利時心理學家里梅：Bernard Rimé, "Emotion Elicits the Social Sharing of Emotion: Theory and Empirical Review," *Emotion Review* 1 (2009): 60–85. 我也參考了里梅的這場演講：Bernard Rimé, "The Social Sharing of Emotion"（在「網路空間集體

情感研究學會」〔lecture delivered at Collective Emotions in Cyberspace Consortium〕的演講），YouTube, 2013年5月20日發表，www.youtube.com/watch?v=JdCksLisfUQ。

70 從亞洲到美洲：雖然里梅的研究顯示，談論個人情感的動機是跨文化現象，但不同文化之間分享情感的程度還是有所不同。見Archana Singh-Manoux and Catrin Finkenauer, "Cultural Variations in Social Sharing of Emotions: An Intercultural Perspective on a Universal Phenomenon," *Journal of Cross-Cultural Psychology* 32 (2001): 647–661。另見Heejung S. Kim, "Social Sharing of Emotion in Words and Otherwise," *Emotion Review* 1 (2009): 92–93。

71 遠離我們：相關評述請見Susan Nolen-Hoeksema, Blair E. Wisco, and Sonja Lyubomirsky, "Rethinking Rumination," *Perspectives on Psychological Science* 3 (2008): 400–424; 另見Thomas E. Joiner et al., "Depression and Excessive Reassurance-Seeking," *Psychological Inquiry* 10 (1999): 269–278; Michael B. Gurtman, "Depressive Affect and Disclosures as Factors in Interpersonal Rejection," *Cognitive Therapy Research* 11 (1987): 87–99; and Jennifer L. Schwartz and Amanda McCombs Thomas, "Perceptions of Coping Responses Exhibited in Depressed Males and Females," *Journal of Social Behavior and Personality* 10 (1995): 849–860。

71 較欠缺解決問題能力：相關評述請見Nolen-Hoeksema, Wisco, and Lyubomirsky, "Rethinking Rumination"; and Lyubomirsky et al., "Thinking About Rumination," *Annual Review of Clinical Psychology* 11 (2015): 1–22。

71 產生惡性循環：破損的社會關係是導致社交孤立和寂寞的原因之一，相關討論請見Julianne Holt-Lunstad, "Why Social Relationships Are Important for Physical Health: A Systems Approach to Understanding and Modifying Risk and Perception," *Annual Review of Psychology* 69 (2018): 437–458; and Julianne Holt-Lunstad, Timothy B. Smith, Mark Baker, Tyler Harris, and David Stephenson, "Loneliness and Social Isolation as Risk Factors for Mortality: A Meta-analytic Review," *Perspectives on Psychological Science* 10 (2015): 227–237。

記錄寂寞與社交孤立之有害影響的研究，請見John T. Cacioppo and Stephanie Cacioppo, "The Growing Problem of Loneliness," *The Lancet* 391 (2018): 426; Greg Miller, "Why Loneliness Is Hazardous to Your Health," *Science* 14 (2011): 138–140; and Aparna Shankar, Anne McMunn, James Banks, and Andrew Steptoe, "Loneliness, Social Isolation, and Behavioral and Biological Health Indicators in Older Adults," *Health Psychology* 30 (2011): 377–385。

72 習慣反芻思考的學生：Katie A. McLaughlin and Susan Nolen-Hoeksema, "Interpersonal Stress Generation as a Mechanism Linking Rumination to Internalizing Symptoms in Early Adolescents," *Journal of Clinical Child and Adolescent Psychology* 41 (2012): 584–597.

John Cacioppo與其同事的研究進一步凸顯了寂寞與自我關注之間的交互關係：John T. Cacioppo, Hsi Yuan Chen, and Stephanie Cacioppo, "Reciprocal Influences Between Loneliness and Self-Centeredness: A Cross-Lagged Panel Analysis in a Population-Based Sample of African American, Hispanic, and Caucasian Adults," *Personality and Social Psychology Bulletin* 43 (2017): 1125–1135。

72 哀悼中的成人：Susan Nolen-Hoeksema and Christopher G. Davis, " 'Thanks for Sharing That': Ruminators and Their Social Support Networks," *Journal of Personality and Social Psychology* 77 (1999): 801–814.

72 攻擊性的行為：Thomas F. Denson et al., "Understanding Impulsive Aggression: Angry Rumination and Reduced Self-Control Capacity Are Mechanisms Underlying the Provocation-Aggression Relationships," *Personality and Social Psychology Bulletin* 37 (2011): 850–862; and Brad J. Bushman, "Does Venting Anger Feed or Extinguish the Flame? Catharsis, Rumination, Distraction, Anger, and Aggressive Responding," *Personality and Social Psychology Bulletin* 28 (2002): 724–731.

73 轉移到無辜者身上：Brad J. Bushman et al., "Chewing on It Can Chew You Up: Effects of Rumination on Triggered Displaced Aggression," *Journal of Personality and Social Psychology* 88 (2005): 969–983.

73 逼近二十五億人：Facebook Newsroom, Facebook, newsroom.fb.com/company-info/; and J. Clement, "Number of Monthly Active Twitter Users Worldwide from 1st Quarter 2010 to 1st Quarter 2019 (in Millions)," Statista, www.statista.com/statistics/282087/number-of-monthly-active-twitter-users/.

74 分享他們的私密想法：Mina Choi and Catalina L. Toma, "Social Sharing Through Interpersonal Media: Patterns and Effects on Emotional Well-Being," *Computers in Human Behavior* 36 (2014): 530–541; and Adriana M. Manago, Tamara Taylor, and Patricia M. Greenfield, "Me and My 400 Friends: The Anatomy of College Students' Facebook Networks, Their Communication Patterns, and Well-Being," *Developmental Psychology* 48 (2012): 369–380.

74 如何與之互動：我和同事的一項研究可作為這個原則的例子，我們證實了被動使用臉書（為了獲知他人的資訊而瀏覽網站）會導致情感幸福感下降，而主動使用臉書（在網站上生產資訊）則否。見Philippe Verduyn et al., "Passive Facebook Usage Undermines Affective Well-Being: Experimental and Longitudinal Evidence," *Journal of Experimental Psychology: General* 144 (2015): 480–488。相關評述見Philippe Verduyn et al., "Do Social Network Sites Enhance or Undermine Subjective Well-Being? A Critical Review," *Social Issues and Policy Review* 11 (2017): 274–302。

74 同理心無比重要：Jamil Zaki, *The War for Kindness: Building Empathy in a Fractured World* (New York: Crown, 2019); and Frans B. M. de Waal and Stephanie Preston, "Mammalian Empathy: Behavioural Manifestations and Neural Basis," *Nature Reviews Neuroscience* 18 (2017): 498–509.

74 對人傾訴：Rimé, "Emotion Elicits the Social Sharing of Emotion."

74 細微動作、表情和聲調：John Suler, "The Online Disinhibition Effect," *Cyberpsychology and Behavior* 3 (2004): 321–326; Noam Lapidot-Lefler and Azy Barak, "Effects of Anonymity, Invisibility, and Lack of Eye-Contact on Toxic Online Disinhibition," *Computers in Human Behavior* 28 (2012): 434–443; and Christopher Terry and Jeff Cain, "The Emerging Issue of Digital Empathy," *American Journal of Pharmaceutical Education* 80 (2016): 58.

74 網路霸凌：Committee on the Biological and Psychosocial Effects of Peer Victimization: Lessons for Bullying Prevention, National Academy of Sciences Report; Michele P. Hamm et al., "Prevalence and Effect of Cyberbullying on Children and Young People," *JAMA Pediatrics,* Aug. 2015; Robin M. Kowalski et al., "Bullying in the Digital Age: A Critical Review and Meta-analysis of Cyberbullying Research Among Youth," *Psychological Bulletin* 140 (2014): 1073–1137; and Robert Tokunaga, "Following You Home from School: A Critical Review and Synthesis of Research on Cyber-bullying Victimization," *Computers in Human Behavior* 26 (2010): 277–287.

75 時間的流逝：情緒往往在達到最大強度後開始減弱：Philippe Verduyn, Iven Van Mechelen, and Francis Tuerlinckx, "The Relation Between Event Processing and the Duration of Emotional Experience," *Emotion* 11 (2011): 20–28; and Philippe Verduyn et al., "Predicting the Duration of Emotional Experience: Two Experience Sampling Studies," *Emotion* 9 (2009): 83–91。

76 激怒並疏遠他人：Caitlin McLaughlin and Jessica Vitak, "Norm Evolution and Violation on Facebook," *New Media and Society*

14 (2012): 299–315; and Emily M. Buehler, " 'You Shouldn't Use Facebook for That': Navigating Norm Violations While Seeking Emotional Support on Facebook," *Social Media and Society* 3 (2017): 1–11.

76 分享較多的負面個人內容：Jiyoung Park et al., "When Perceptions Defy Reality: The Relationships Between Depression and Actual and Perceived Facebook Social Support," *Journal of Affective Disorders* 200 (2016): 37–44.

76 自我呈現是強大的人類需求：關於自我呈現在日常生活中扮演的角色有兩個經典著述：Erving Goffman, *The Presentation of Self in Everyday Life* (Garden City, NY: Doubleday, 1959); and Mark R. Leary and Robin M. Kowalski, "Impression Management: A Literature Review and Two-Component Model," *Psychological Bulletin* 107 (1990): 34–47。

76 巧妙的挑選安排：Randi Zuckerberg在《紐約時報》的一篇訪談中，精準的描述了臉書的這一面。「你在臉書上最要不得的行為是什麼？」記者問她。「我是做行銷的，」她回答，「有時我幾乎沒辦法把這一點和我的私人生活分開。曾有朋友打電話給我說，『你的生活看起來太精采了。』我告訴他們：『我是做行銷的，我只會貼生活中精采的時刻。』」Susan Dominus, "Randi Zuckerberg: 'I Really Put Myself Out There,' " *New York Times,* Nov. 1, 2013, www.nytimes.com/2013/11/03/magazine/randi-zuckerberg-i-really -put-myself-out-there.html.

76 感覺良好：Amy L. Gonzales and Jeffrey T. Hancock, "Mirror, Mirror on My Facebook Wall: Effects of Exposure to Facebook on Self-Esteem," *Cyberpsychology, Behavior, and Social Networking* 14 (2011): 79–83.

77 拿自己與他人比較：Leon Festinger, "A Theory of Social Comparison Processes," *Human Relations* 7 (1954): 117–140; and Katja Corcoran, Jan Crusius, and Thomas Mussweiler, "Social Comparison: Motives, Standards, and Mechanisms," in *Theories in Social Psychology,* ed. D. Chadee (Oxford: Wiley-Blackwell, 2011), 119–139. 有時我們和他人比較，是為了知道自己在某個特定領域相較於他人的成果如何。有時候是為了讓自己感覺良好（透過與表面上「不如」自己的人相比較），或是找出如何改善自己在意的某個生活領域（透過與表面上「優於」自己的人相比較）。也有證據顯示，與他人比較，是自我評估和獲取自身資訊很有效率的方式。

77 我和同事在二〇一五年：Verduyn et al., "Passive Facebook Usage Undermines Affective Well-Being."

我們愈是沉溺於自己的生活和他人相比有多糟糕，後果就愈嚴重。舉例而言：針對268名年輕成人的長期研究發現，愈常在臉書上與他人做負面比較，就愈容易有反芻思考和憂鬱感受：Feinstein et al., "Negative Social Comparison on Facebook and Depressive Symptoms," *Psychology of Popular Media Culture* 2 (2013): 161–170。

另見Melissa G. Hunt et al., "No More FOMO: Limiting Social Media Decreases Loneliness and Depression," *Journal of Social and Clinical Psychology* 37 (2018): 751–768; Morten Tromholt, "The Facebook Experiment: Quitting Facebook Leads to Higher Levels of Well-Being," *Cyberpsychology, Behavior, and Social Networking* 19 (2016): 661–666; R. Mosquera et al., "The Economic Effects of Facebook," *Experimental Economics* (2019); Holly B. Shakya and Nicholas A. Christakis, "Association of Facebook Use with Compromised Well-Being: A Longitudinal Study," *American Journal of Epidemiology* 185 (2017): 203–211; and Cesar G. Escobar-Viera et al., "Passive and Active Social Media Use and Depressive Symptoms Among United States Adults," *Cyberpsychology, Behavior, and Social Networking* 21 (2018): 437–443。

研究也開始顯示，這些結果亦可概化至其他社群媒體平台，如Instagram等。Eline Frison and Steven Eggermont, "Browsing, Posting, and Liking on Instagram: The Reciprocal Relationships Between Different Types of Instagram Use and Adolescents' Depressed Mood," *Cyberpsychology, Behavior, and Social Networking* 20 (2017): 603–609.

77 愈容易產生羨慕忌妒：妒羨的負面後果確立已久。不過，妒羨並不全然是負面的。少量的妒羨可以發揮功能，激勵我們提升自我：Jens Lange, Aaron Weidman, and Jan Crusius, "The Painful Duality of Envy: Evidence for an Integrative Theory and a Meta-analysis on the Relation of Envy and Schadenfreude," *Journal of Personality and Social Psychology* 114 (2018): 572–598。

77 其中一個答案：為什麼明知有負面後果我們仍持續使用社群媒體？這個問題還有其他幾個解釋，包括：（1）我們想知道自己人際社群的最新消息，這隨時可能勝過我們想讓自己感覺良好的渴望，（2）想要獲取他人回饋的渴望，與（3）用戶經常誤判使用臉書會讓他們感受如何（換句話說，我們只看到社群媒體可能帶來的正面效果，看不見〔或許甚至根本沒有察覺〕它同樣可能造成的傷害）。相關討論請見Ethan Kross and Susannah Cazaubon, "How Does Social Media Influence People's Emotional Lives?," in *Applications of Social Psychology: How Social Psychology Can Contribute to the Solution of Real-World Problems*, eds. J. Forgas, William D. Crano, and Klaus Fiedler (New York: Routledge-Psychology Press, 2020), 250–264。

77 哈佛大學神經科學家：Diana I. Tamir and Jason P. Mitchell, "Disclosing Information About the Self Is Intrinsically

Rewarding," *Proceedings of the National Academy of Sciences of the United States of America* 109 (2012): 8038–8043.

78 全球說各種語言的人：Geoff MacDonald and Mark R. Leary, "Why Does Social Exclusion Hurt? The Relationship Between Social and Physical Pain," *Psychological Bulletin* 131 (2005): 202–223; Naomi I. Eisenberger, Matthew D. Lieberman, and Kipling D. Williams, "Does Rejection Hurt? An fMRI Study of Social Exclusion," *Science* 302 (2003): 290–292.

79 心碎的紐約客：Ethan Kross et al., "Social Rejection Shares Somatosensory Representations with Physical Pain," *Proceedings of the National Academy of Sciences of the United States of America* 108 (2011): 6270–6275.

79 在八百萬人口的城市：https://www.health.ny.gov/statistics/vital_statistics/2007/table02.htm.

80 如何影響我們的身體：Naomi I. Eisenberger and Steve W. Cole, "Social Neuroscience and Health: Neurophysiological Mechanisms Linking Social Ties with Physical Health," *Nature Neuroscience* 15 (2012): 669–674; and Gregory Miller, Edith Chen, and Steve W. Cole, "Health Psychology: Developing Biologically Plausible Models Linking the Social World and Physical Health," *Annual Review of Psychology* 60 (2009): 501–524.

80 五千億美元：Michele Hellebuyck et al., "Workplace Health Survey," Mental Health America, www.mhanational.org/sites/default/files/Mind%20the%20Workplace%20-%20MHA%20Workplace%20Health%20Survey%202017%20FINAL.pdf.

81 負面語言流：固著認知往往表現為語言芻思和憂慮（見「引言」），並且會延長壓力反應，相關描述請見：Brosschot, Gerin, and Thayer, "Perseverative Cognition Hypothesis"; Jos F. Brosschot, "Markers of Chronic Stress: Prolonged Physiological Activation and (Un)conscious Perseverative Cognition," *Neuroscience and Biobehavioral Reviews* 35 (2010): 46–50; and Cristina Ottaviani et al., "Physiological Concomitants of Perseverative Cognition: A Systematic Review and Meta-analysis," *Psychological Bulletin* 142 (2016): 231–259。

82 各種疾病：Andrew Steptoe and Mika Kivimaki, "Stress and Cardiovascular Disease," *Nature Reviews Cardiology* 9 (2012): 360–370; Suzanne C. Segerstrom and Gregory E. Miller, "Psychological Stress and the Human Immune System: A Meta-analytic Study of 30 Years of Inquiry," *Psychological Bulletin* 130 (2004): 601–630; Bruce S. McEwen, "Brain on Stress: How the Social Environment Gets Under the Skin," *Proceedings of the National Academy of Sciences of the United States of America* 109 (2012): 17180–17185; Ronald

Glaser and Janice Kiecolt-Glaser, "Stress-Induced Immune Dysfunction: Implications for Health," *Nature Reviews Immunology* 5 (2005): 243–251; Edna Maria Vissoci Reiche, Sandra Odebrecht Vargas Nunes, and Helena Kaminami Morimoto, "Stress, Depression, the Immune System, and Cancer," *Lancet Oncology* 5 (2004): 617–625; A. Janet Tomiyama, "Stress and Obesity," *Annual Review of Psychology* 70 (2019): 703–718; and Gregory E. Miller et al., "A Functional Genomic Fingerprint of Chronic Stress in Humans: Blunted Glucocorticoid and Increased NF κ B Signaling," *Biological Psychiatry* 15 (2008): 266–272.

82 缺乏穩固的社會支持網絡：Julianne Holt-Lunstad, Timothy B. Smith, and J. Bradley Layton, "Social Relationships and Mortality Risk: A Meta-analytic Review," *PLOS Medicine* 7 (2010): e1000316.

82 跨診斷風險因子：Susan Nolen-Hoeksema and Edward R. Watkins, "A Heuristic for Developing Transdiagnostic Models of Psychopathology: Explaining Multifinality and Divergent Trajectories," *Perspectives on Psychological Science* 6 (2011): 589–609; Katie A. McLaughlin et al., "Rumination as a Transdiagnostic Factor Underlying Transitions Between Internalizing Symptoms and Aggressive Behavior in Early Adolescents," *Journal of Abnormal Psychology* 123 (2014): 13–23; Edward R. Watkins, "Depressive Rumination and Co-morbidity: Evidence for Brooding as a Transdiagnostic Process," *Journal of Rational-Emotive and Cognitive-Behavior Therapy* 27 (2009): 160–75; Douglas S. Mennin and David M. Fresco, "What, Me Worry and Ruminate About DSM-5 and RDoC? The Importance of Targeting Negative Self-Referential Processing," *Clinical Psychology: Science and Practice* 20 (2013): 258–267; and Brosschot, "Markers of Chronic Stress."

83 細胞裡的一架鋼琴：我依據幾個來源將基因表現和演奏樂器相比：Jane Qiu, "Unfinished Symphony," *Nature* 441 (2006): 143–145; and University of Texas Health Science Center at San Antonio, "Study Gives Clue as to How Notes Are Played on the Genetic Piano," *EurekAlert!,* May 12, 2011, www.eurekalert.org/pub_releases/2011-05/uoth-sgc051011.php。

84 加州大學洛杉磯分校教授：Steven W. Cole, "Social Regulation of Human Gene Expression," *American Journal of Public Health* 103 (2013): S84–S92. 我也以柯爾在史丹佛大學的這場演講為來源："Meng-Wu Lecture"（在「慈悲與利他主義研究教育中心」〔Center for Compassion and Altruism Research and Education〕的演講，2013年11月12日），ccare.stanford .edu/videos/meng-wu-lecture-steve-cole-ph-d/。

84 發炎基因：George M. Slavich and Michael R. Irwin, "From Stress to Inflammation and Major Depressive Disorder: A Social Signal Transduction Theory of Depression," *Psychological Bulletin* 140 (2014): 774–815; Steve W. Cole et al., "Social Regulation of Gene Expression in Human Leukocytes," *Genome Biology* 8 (2007): R189; and Gregory E. Miller, Edith Chen, and Karen J. Parker, "Psychological Stress in Childhood and Susceptibility to the Chronic Diseases of Aging: Moving Towards a Model of Behavioral and Biological Mechanisms," *Psychological Bulletin* 137 (2011): 959–997.

84 疾病與感染：小對話也以其他方式觸及我們的DNA——透過端粒（telomere）。端粒位於我們的染色體末端，像是小小的帽蓋，保護我們的DNA不鬆開，以免影響健康和壽命。端粒變短會導致各種年齡相關的疾病。幸好，我們體內都有一種名為端粒酶（telomerase）的化學物質，能夠維持端粒長度。問題在於皮質醇等壓力激素會耗損我們體內的端粒酶，加速端粒變短。

2004年，伊麗莎·艾波（Elissa Epel）、諾貝爾獎得主伊莉莎白·布雷克本（Elizabeth Blackburn）與他們的同僚發表了劃時代的研究，審視女性在十個月期間的壓力程度與其端粒長度的關聯。一如預期，他們發現女性感到的壓力愈大——壓力會誘發小對話，小對話又是慢性壓力的驅動因子——端粒愈短。更戲劇化的發現是，相較於壓力最小的女性，壓力最大的女性端粒長度相當於短了十年。Elissa S. Epel et al., "Accelerated Telomere Shortening in Response to Life Stress," *Proceedings of the National Academy of Sciences* 101 (2004): 17312–17315.

詳細評述請見Elizabeth H. Blackburn and Elissa S. Epel, *The Telomere Effect* (New York: Grand Central Publishing, 2017)。亦見Elizabeth Blackburn, Elissa S. Epel, and Jue Lin, "Human Telomere Biology: A Contributory and Interactive Factor in Aging, Disease Risks, and Protection," *Science* 350 (2015): 1193–1198; and Kelly E. Rentscher et al., "Psychosocial Stressors and Telomere Length: A Current Review of the Science," *Annual Review of Public Health* 41 (2020): 223–245。

86 近二十年來：Matt Kelly, "This Thirty-Nine-Year-Old Is Attempting a Comeback," MLB.com, August 2, 2018, https://www .mlb.com/news/rick-ankiel-to-attempt-comeback-c288544452 (retrieved February 9, 2020).

88 「你殺過人嗎？」：我修改了這個故事中的人名與其他幾個細節，以保護我這位昔日學生的身份。故事其他部分都為事實。我也參考了一份公開簡介，但在此省略以維持她的匿名身份。

93 腦區就會活躍起來：Ethan Kross et al., "Coping with Emotions Past: The Neural Bases of Regulating Affect Associated with Negative Autobiographical Memories," *Biological Psychiatry* 65 (2009): 361–366; and Ayna Baladi Nejad, Philippe Fossati, and Cedric Lemogne, "Self-Referential Processing, Rumination, and Cortical Midline Structures in Major Depression," *Frontiers in Human Neuroscience* 7 (2013): 666.

94 還會拉遠鏡頭：Ethan Kross and Özlem Ayduk, "Self-Distancing: Theory, Research, and Current Directions," in *Advances in Experimental Social Psychology*, eds. J. Olson and M. Zanna (Amsterdam: Elsevier, 2017), 81–136; and John P. Powers and Kevin S. LaBar, "Regulating Emotion Through Distancing: A Taxonomy, Neurocognitive Model, and Supporting Meta-analysis," *Neuroscience and Biobehavioral Reviews* 96 (2019): 155–173.

94 心理免疫系統：有關心理免疫系統此一概念的介紹，請見Daniel T. Gilbert et al., "Immune Neglect: A Source of Durability Bias in Affective Forecasting," *Journal of Personality and Social Psychology* 75 (1998): 617–638。

95 自我控制的典範研究：Walter Mischel, *The Marshmallow Test: Mastering Self-Control* (New York: Little, Brown, 2014); and Walter Mischel, Yuichi Shoda, and Monica Rodriguez, "Delay of Gratification in Children," *Science* 244 (1989): 933–938.

96 對抗內在聲音反芻思考：Özlem Ayduk, Walter Mischel, and Geraldine Downey, "Attentional Mechanisms Linking Rejection to Hostile Reactivity: The Role of 'Hot' Versus 'Cool' Focus," *Psychological Science* 13 (2002): 443–448. 另見Cheryl L. Rusting and Susan Nolen-Hoeksema, "Regulating Responses to Anger: Effects of Rumination and Distraction on Angry Mood," *Journal of Personality and Social Psychology* 74 (1998): 790–803。

96 這個方式的缺點：Ethan Kross and Özlem Ayduk, "Facilitating Adaptive Emotional Analysis: Distinguishing Distanced-Analysis of Depressive Experiences from Immersed-Analysis and Distraction," *Personality and Social Psychology Bulletin* 34 (2008): 924–938.

96 治療師在治療患者時：Aaron T. Beck, "Cognitive Therapy: Nature and Relation to Behavior Therapy," *Behavior Therapy* 1 (1970): 184–200. 另見Rick E. Ingram and Steven Hollon, "Cognitive Therapy for Depression from an Information Processing Perspective," in *Personality, Psychopathology, and Psychotherapy Series: Information Processing Approaches to Clinical Psychology,* ed. R. E. Ingram (San Diego: Academic Press, 1986), 259–281。

96 不去思考你的問題：關於迴避的有害效應，經典的研究評介請見Edna B. Foa and Michael J. Kozak, "Emotional Processing of Fear: Exposure to Corrective Information," *Psychological Bulletin* 99 (1986): 20–35。如我在文中提到，人會為了不同目標而進行抽離（為了迴避自己的情感，為了以正念接受這些情感，或是碰觸這些情感並加以分析）。就像榔頭可以用來把釘子敲進牆壁或拔出來，抽離也有多種應用方式。而如同任何工具，它是有益或有害，全看個人使用這個工具的原因和方式。在本章這一節回顧的研究中，我著重的是顯示自我抽離有所益處的情況：能幫助想要主動省思並了解負面經驗的人。有關這些議題更詳細的討論，見本書結論部分，以及Ethan Kross and Özlem Ayduk, "Self-Distancing: Theory, Research, and Current Directions"。

97 強大的視覺裝置：Georgia Nigro and Ulric Neisser, "Point of View in Personal Memories," *Cognitive Psychology* 15 (1983): 467–482; John A. Robinson and Karen L. Swanson, "Field and Observer Modes of Remembering," *Memory* 1 (1993): 169–184. 人往往會從自我沉浸/第一人稱的角度回憶強烈負面經驗：Arnaud D'Argembau, "Phenomenal Characteristics of Autobiographical Memories for Positive, Negative, and Neutral Events," *Applied Cognitive Psychology* 17 (2003): 281–294; and Heather K. McIsaac and Eric Eich, "Vantage Point in Episodic Memory," *Psychonomic Bulletin and Review* 9 (2002): 146–150。然而，對於創傷和具自我意識的經驗（self-conscious experience）的記憶，比較可能以自我抽離/旁觀者的角度回憶：Lucy M. Kenny et al., "Distant Memories: A Prospective Study of Vantage Point of Trauma Memories," *Psychological Science* 20 (2009): 1049–1052; and Meredith E. Coles et al., "Effects of Varying Levels of Anxiety Within Social Situations: Relationship to Memory Perspective and Attributions in Social Phobia," *Behaviour Research and Therapy* 39 (2001): 651–665。情感調節的這種區別有何意涵，相關討論請見Ethan Kross and Özlem Ayduk, "Self-Distancing: Theory, Research, and Current Directions"。

98 從牆上蒼蠅的觀點：Ethan Kross, Özlem Ayduk, and Walter Mischel, "When Asking 'Why' Does Not Hurt: Distinguishing

Rumination from Reflective Processing of Negative Emotions," *Psychological Science* 16 (2005): 709–715.

98 語言流差異非常驚人：我所引用的語文流例子來自Ethan Kross and Özlem Ayduk, "Making Meaning out of Negative Experiences by Self-Distancing," *Current Directions in Psychological Science* 20 (2011): 187–191。

99 壓力下的戰或逃反應：Özlem Ayduk and Ethan Kross, "Enhancing the Pace of Recovery: Self-Distanced Analysis of Negative Experiences Reduces Blood Pressure Reactivity," *Psychological Science* 19 (2008): 229–231. 另見Rebecca F. Ray, Frank H. Wilhelm, and James J. Gross, "All in the Mind's Eye? Anger Rumination and Reappraisal," *Journal of Personality and Social Psychology* 94 (2008): 133–145。

99 減少大腦內的情緒活動：Brittany M. Christian et al., "When Imagining Yourself in Pain, Visual Perspective Matters: The Neural and Behavioral Correlates of Simulated Sensory Experiences," *Journal of Cognitive Neuroscience* 27 (2015): 866–875.

99 敵意和攻擊性都比較少：Dominik Mischkowski, Ethan Kross, and Brad Bushman, "Flies on the Wall Are Less Aggressive: Self-Distancing 'in the Heat of the Moment' Reduces Aggressive Thoughts, Angry Feelings, and Aggressive Behavior," *Journal of Experimental Social Psychology* 48 (2012): 1187–1191. 另見Tamara M. Pfeiler et al., "Adaptive Modes of Rumination: The Role of Subjective Anger," *Cognition and Emotion* 31 (2017): 580–589。

99 憂鬱症患者：Ethan Kross et al., " 'Asking Why' from a Distance: Its Cognitive and Emotional Consequences for People with Major Depressive Disorder," *Journal of Abnormal Psychology* 121 (2012): 559–569; Ethan Kross and Özlem Ayduk, "Boundary Conditions and Buffering Effects: Does Depressive Symptomology Moderate the Effectiveness of Distanced-Analysis for Facilitating Adaptive Self-Reflection?," *Journal of Research in Personality* 43 (2009): 923–927; Emma Travers-Hill et al., "Beneficial Effects of Training in Self-Distancing and Perspective Broadening for People with a History of Recurrent Depression," *Behaviour Research and Therapy* 95 (2017): 19–28. 抽離的臨床效應研究綜述，以及其在不同條件如下何運作的討論，請見Ethan Kross and Özlem Ayduk, "Self-Distancing: Theory, Research, and Current Directions"。

99 高度焦慮的父母：Louis A. Penner et al., "Self-Distancing Buffers High Trait Anxious Pediatric Cancer Caregivers Against Short-and Longer-Term Distress," *Clinical Psychological Science* 4 (2016): 629–640.

100 維爾頓：Philippe Verduyn et al., "The Relationship Between Self-Distancing and the Duration of Negative and Positive Emotional Experiences in Daily Life," *Emotion* 12 (2012): 1248–1263. 研究證實抽離會減少正向情感，在概念上重現這個結果的研究請見June Gruber, Allison G. Harvey, and Sheri L. Johnson, "Reflective and Ruminative Processing of Positive Emotional Memories in Bipolar Disorder and Healthy Controls," *Behaviour Research and Therapy* 47 (2009): 697–704. 證實抽離具持久好處的實驗數據請見Kross and Ayduk, "Facilitating Adaptive Emotional Analysis"。

100 所有人都會傾向：Özlem Ayduk and Ethan Kross, "From a Distance: Implications of Spontaneous Self-Distancing for Adaptive Self-Reflection," *Journal of Personality and Social Psychology* 98 (2010): 809–829.

101 史丹佛大學的研究者：Ray, Wilhelm, and Gross, "All in the Mind's Eye?"

101 在大西洋彼端：Patricia E. Schartau, Tim Dalgleish, and Barnaby D. Dunn, "Seeing the Bigger Picture: Training in Perspective Broadening Reduces Self-Reported Affect and Psychophysiological Response to Distressing Films and Autobiographical Memories," *Journal of Abnormal Psychology* 118 (2009): 15–27.

101 把影像縮小：Joshua Ian Davis, James J. Gross, and Kevin N. Ochsner, "Psychological Distance and Emotional Experience: What You See Is What You Get," *Emotion* 11 (2011): 438–444.

101 平均學業成績提升：David S. Yeager et al., "Boring but Important: A Self-Transcendent Purpose for Learning Fosters Academic Self-Regulation," *Journal of Personality and Social Psychology* 107 (2014): 558–580.

102 公元前一〇一〇年：John S. Knox, "Solomon," *Ancient History Encyclopedia*, Jan. 25, 2017, www.ancient.eu/solomon/.

102 根據聖經描述：Robert Alter, *The Hebrew Bible: A Translation with Commentary* (New York: W. W. Norton, 2018).

103 「所羅門悖論」：Igor Grossmann and Ethan Kross, "Exploring Solomon's Paradox: Self-Distancing Eliminates the Self-Other Asymmetry in Wise Reasoning About Close Relationships in Younger and Older Adults," *Psychological Science* 25 (2014): 1571–1580.

104 林肯後來反思：Doris Kearns Goodwin, *Team of Rivals* (New York: Simon & Schuster, 2005).

104 智慧的展現：Igor Grossmann, "Wisdom in Context," *Perspectives on Psychological Science* 12 (2017): 233–257.

105 智慧與年紀有關：Igor Grossmann et al., "Reasoning About Social Conflicts Improves into Old Age," *PNAS* 107 (2010): 7246–

7250. 另見Darrell A. Worthy et al.,“With Age Comes Wisdom: Decision Making in Younger and Older Adults,” *Psychological Science* 22 (2011): 1375–1380。

105 發生在其他人身上：Grossmann and Kross,“Exploring Solomon's Paradox”; and Alex C. Huynh et al.,“The Wisdom in Virtue: Pursuit of Virtue Predicts Wise Reasoning About Personal Conflicts,” *Psychological Science* 28 (2017): 1848–1856.

106 選擇什麼也不做：這種傾向稱為不作為偏誤（omission bias）。Ilana Ritov and Jonathan Baron,“Reluctance to Vaccinate: Omission Bias and Ambiguity,” *Journal of Behavioral Decision Making* 3 (1990): 263–277.

106 很特別的現象是：這項研究要求參與者在三種不同條件下為自己以外的人做醫療決策。參與者被隨機分發角色，分別是為病人做決定的醫生，為所有病患制定治療政策的醫療總監，以及為孩子做決定的家長。不管是哪一種「為別人做決定」的情況，做出的判斷都差不多，也都優於為自己做決定時的判斷。為了本文需要，我取的是三種情況下的回應平均值。Brian J. Zikmund-Fisher et al.,“A Matter of Perspective: Choosing for Others Differs from Choosing for Yourself in Making Treatment Decisions,” *Journal of General Internal Medicine* 21 (2006): 618–622.

106 一千八百萬：Global Cancer Observatory,“Globocan 2018,” International Agency for Research on Cancer, World Health Organization, 1, gco.iarc.fr/today/data/factsheets/cancers/39-All-cancers-fact-sheet.pdf.

107 避免「內部看法」：Daniel Kahneman, *Thinking, Fast and Slow* (New York: Farrar, Straus and Giroux, 2011).

107 一般決策：Qingzhou Sun et al.,“Self-Distancing Reduces Probability-Weighting Biases,” *Frontiers in Psychology* 9 (2018): 611.

107 訊息超載：Jun Fukukura, Melissa J. Ferguson, and Kentaro Fujita,“Psychological Distance Can Improve Decision Making Under Information Overload via Gist Memory,” *Journal of Experimental Psychology: General* 142 (2013): 658–665.

107 減少「損失規避」：Evan Polman,“Self-Other Decision Making and Loss Aversion,” *Organizational Behavior and Human Decision Processes* 119 (2012): 141–150; Flavia Mengarelli et al.,“Economic Decisions for Others: An Exception to Loss Aversion Law,” *PLoS One* 9 (2014): e85042; and Ola Andersson et al.,“Deciding for Others Reduces Loss Aversion,” *Management Science* 62 (2014): 29–36.

107 美國總統大選前：Ethan Kross and Igor Grossmann,“Boosting Wisdom: Distance from the Self Enhances Wise Reasoning,

Attitudes, and Behavior," *Journal of Experimental Psychology: General* 141 (2012): 43–48.

108 緩和衝突：Özlem Ayduk and Ethan Kross, "From a Distance: Implications of Spontaneous Self-Distancing for Adaptive Self-Reflection."

108 減緩感情的衰退：Eli J. Finkel et al., "A Brief Intervention to Promote Conflict Reappraisal Preserves Marital Quality over Time," *Psychological Science* 24 (2013): 1595–1601.

111 有關現在的正面故事：相關研究評述請見Dan P. McAdams and Kate C. McLean, "Narrative Identity," *Current Directions in Psychological Science* 22 (2013): 233–238。

111 「創造時間距離」：Emma Bruehlman-Senecal and Özlem Ayduk, "This Too Shall Pass: Temporal Distance and the Regulation of Emotional Distress," *Journal of Personality and Social Psychology* 108 (2015): 356–375. 另見Emma Bruehlman-Senecal, Özlem Ayduk, and Oliver P. John, "Taking the Long View: Implications of Individual Differences in Temporal Distancing for Affect, Stress Reactivity, and Well-Being," *Journal of Personality and Social Psychology* 111 (2016): 610–635; S. P. Ahmed, "Using Temporal Distancing to Regulate Emotion in Adolescence: Modulation by Reactive Aggression," *Cognition and Emotion* 32 (2018): 812–826; and Alex C. Huynh, Daniel Y. J. Yang, and Igor Grossmann, "The Value of Prospective Reasoning for Close Relationships," *Social Psychological and Personality Science* 7 (2016): 893–902.

113 心理學家佩內貝克：研究回顧請見James W. Pennebaker, "Writing About Emotional Experiences as a Therapeutic Process," *Psychological Science* 8 (1997): 162–166; James W. Pennebaker and Cindy K. Chung, "Expressive Writing: Connections to Physical and Mental Health," in *The Oxford Handbook of Health Psychology*, ed. H. S. Friedman (Oxford: Oxford University Press, 2011), 417–437; also see Eva-Maria Gortner, Stephanie S. Rude, and James W. Pennebaker, "Benefits of Expressive Writing in Lowering Rumination and Depressive Symptoms," *Behavior Therapy* 37 (2006): 292–303; Denise M. Sloan et al., "Expressive Writing Buffers Against Maladaptive Rumination," *Emotion* 8 (2008): 302–306; and Katherine M. Krpan et al., "An Everyday Activity as a Treatment for Depression: The Benefits of Expressive Writing for People Diagnosed with Major Depressive Disorder," *Journal of Affective Disorders* 150 (2013): 1148–1151。

113 製造我們與自身經驗之間的距離：Jiyoung Park, Özlem Ayduk, and Ethan Kross, "Stepping Back to Move Forward: Expressive Writing Promotes Self-Distancing," *Emotion* 16 (2016): 349–364. 如Park與其同事所指出，這不代表距離是唯一能說明為何表達性書寫對人有幫助的因素。

第四章

120 頻率錯覺：也稱為巴德爾邁茵霍夫現象（Baader-Meinhof phenomenon），見*Oxford English Dictionary,* April 6, 2020, https://www.oed.com/view/Entry/250279。

121 職籃巨星詹姆士：Interview by Michael Wilbon. Henry Abbott, "LeBron James' Post-decision Interviews," ESPN, July 9, 2010, https://www.espn.com/blog/truehoop/post/_/id/17856/lebron-james-post-decision-interviews and Jim Gray, "LeBron James 'The Decision,' " ESPN, July 8, 2010, https://www.youtube.com/watch ?v=bHSLw8DLm20.

121 馬拉拉：Malala Yousafzai, interview by Jon Stewart, *The Daily Show with Jon Stewart,* Oct. 8, 2013.

122 珍妮佛・勞倫斯：Brooks Barnes, "Jennifer Lawrence Has No Appetite for Playing Fame Games," *New York Times,* Sept. 9, 2015.

122 高盧戰爭：Julius Caesar, *Caesar's Gallic War: With an Introduction, Notes, and Vocabulary by Francis W. Kelsey,* 7th ed. (Boston: Allyn and Bacon, 1895).

123 《亨利・亞當斯的教育》：Henry Adams, *The Education of Henry Adams: An Autobiography* (Cambridge, MA: Massachusetts Historical Society, 1918).

124 最有效的一種技巧：Sally Dickerson and Margaret E. Kemeny, "Acute Stressors and Cortisol Responses: A Theoretical Integration and Synthesis of Laboratory Research," *Psychological Bulletin* 130 (2004): 355–391.

124 公開演說：Ethan Kross et al., "Self-Talk as a Regulatory Mechanism: How You Do It Matters," *Journal of Personality and Social Psychology* 106 (2014): 304–324.

125 負面情緒的可靠標記：文獻回顧與整合分析請見Allison M. Tackman et al., "Depression, Negative Emotionality, and Self-Referential Language: A Multi-lab, Multi-measure, and Multi-language-task Research Synthesis," *Journal of Personality and Social*

Psychology 116 (2019): 817–834; and To'Meisha Edwards and Nicholas S. Holtzman, "A Meta-Analysis of Correlations Between Depression and First-Person Singular Pronoun Use," *Journal of Research in Personality* 68 (2017): 63–68。

125 舉例而言：我在文中討論的兩項研究，發表時間晚於我們的自我對話研究。然而，如同上一個注釋中引用的數篇論文所顯示，此前數十年的研究已經揭露出第一人稱單數代名詞的使用與負向情感之間的關聯。在此我以比較新的研究佐證這種關聯，是因為它們呈現的證據特別明確。Tackman et al., "Depression, Negative Emotionality, and Self-Referential Language: A Multi-lab, Multi-measure, and Multi-language-task Research Synthesis"; and Johannes C. Eichstaedt et al., "Facebook Language Predicts Depression in Medical Records," *Proceedings of the National Academy of Sciences of the United States of America* 115 (2018): 11203–11208.

126 抽離式自我對話：相關評述請見Ethan Kross and Özlem Ayduk, "Self-Distancing: Theory, Research, and Current Directions"; and Ariana Orvell et al., "Linguistic Shifts: A Relatively Effortless Route to Emotion Regulation?," *Current Directions in Psychological Science* 28 (2019): 567–573。

126 第三人稱的「他」或「她」：值得探討的是，以「他們」（they）指稱非二元性別認同者是否會帶來相似結果。雖然我們尚未直接檢驗這個想法，但理論上我們預期這個代名詞會有同樣的抽離與情感調節功能。

127 其他實驗：Kross et al., "Self-Talk as a Regulatory Mechanism"; Sanda Dolcos and Dolores Albarracin, "The Inner Speech of Behavioral Regulation: Intentions and Task Performance Strengthen When You Talk to Yourself as a You," *European Journal of Social Psychology* 44 (2014): 636–642; and Grossmann and Kross, "Exploring Solomon's Paradox." 抽離式自我對話在其他領域也已被證實有好處，見Celina Furman, Ethan Kross, and Ashley Gearhardt, "Distanced Self-Talk Enhances Goal Pursuit to Eat Healthier," *Clinical Psychological Science* 8 (2020): 366–373; Ariana Orvell et al., "Does Distanced Self-Talk Facilitate Emotion Regulation Across a Range of Emotionally Intense Experiences?," *Clinical Psychological Science* (in press); and Jordan B. Leitner et al., "Self-Distancing Improves Interpersonal Perceptions and Behavior by Decreasing Medial Prefrontal Cortex Activity During the Provision of Criticism," *Social Cognitive and Affective Neuroscience* 12 (2017): 534–543。

127 二〇一四年的伊波拉：Ethan Kross et al., "Third-Person Self-Talk Reduces Ebola Worry and Risk Perception by Enhancing

Rational Thinking,” *Applied Psychology: Health and Well-Being* 9 (2017): 387–409.
127 最會引發小對話：Aaron C. Weidman et al., “Punish or Protect: How Close Relationships Shape Responses to Moral Violations,” *Personality and Social Psychology Bulletin* 46 (2019).
129 「轉換詞」：Orvell et al., “Linguistic Shifts”; and Roman Jakobson, *Shifters, Verbal Categories, and the Russian Verb* (Cambridge, MA: Harvard University, Russian Language Project, Department of Slavic Languages and Literatures, 1957). 相關討論見Orvell et al., “Linguistic Shifts”。
129 毫秒之間：相關討論見Orvell et al., “Linguistic Shifts”。
130 短短一秒：Jason S. Moser et al., “Third-Person Self-Talk Facilitates Emotion Regulation Without Engaging Cognitive Control: Converging Evidence from ERP and fMRI,” *Scientific Reports* 7 (2017): 1–9.
130 對執行功能造成過大負擔：同上。
130 製造某種兩難：Orvell et al., “Linguistic Shifts.”
131 一九七九年給自己：Robert Ito, “Fred Rogers's Life in 5 Artifacts,” *New York Times*, June 5, 2018.
133 視之為挑戰：Jim Blascovich and Joe Tomaka, “The Biopsychosocial Model of Arousal Regulation,” *Advances in Experimental Social Psychology* 28 (1996): 1–51; and Richard S. Lazarus and Susan Folkman, *Stress, Appraisal, and Coping* (New York: Springer, 1984).
133 有多項研究支持：相關評述見Jeremy P. Jamieson, Wendy Berry Mendes, and Matthew K. Nock, “Improving Acute Stress Responses: The Power of Reappraisal,” *Current Directions in Psychological Science* 22 (2013): 51–56. 另見Adam L. Alter et al., “Rising to the Threat: Reducing Stereotype Threat by Reframing the Threat as a Challenge,” *Journal of Experimental Social Psychology* 46 (2010): 155–171; and Alison Wood Brooks, “Get Excited: Reappraising Pre-performance Anxiety as Excitement,” *Journal of Experimental Psychology: General* 143 (2014): 1144–1158。
134 七五%來自：Kross et al., “Self-Talk as a Regulatory Mechanism.”
135 從人的身體反應看到：Jim Blascovich and Joe Tomaka, “The Biopsychosocial Model of Arousal Regulation”; Mark D. Seery, “Challenge or Threat? Cardiovascular Indexes of Resilience and Vulnerability to Potential Stress in Humans,” *Neuroscience and*

Biobehavioral Reviews 35 (2011): 1603–1610.

135 心血管系統的運作：Lindsey Streamer et al., "Not I, but She: The Beneficial Effects of Self-Distancing on Challenge/Threat Cardiovascular Responses," *Journal of Experimental Social Psychology* 70 (2017): 235–241.

136 蝙蝠俠效應：Rachel E. White et al., "The 'Batman Effect': Improving Perseverance in Young Children," *Child Development* 88 (2017): 1563–1571.卡爾森和同事後來又在其他脈絡中檢視了蝙蝠俠效應。在其中一個研究方向下，他們證實這個工具可以促進五歲幼兒的執行功能：Rachel E. White and Stephanie M. Carlson, "What Would Batman Do? Self-Distancing Improves Executive Function in Young Children," *Developmental Science* 19 (2016): 419–426。在其他研究中，他們證實，對於在進行沒有解答的困難問題時自制力偏低的幼兒和脆弱兒童而言，這個工具特別有效：Amanda Grenell et al., "Individual Differences in the Effectiveness of Self-Distancing for Young Children's Emotion Regulation," *British Journal of Developmental Psychology* 37 (2019): 84–100。

136 因應喪親之痛：Julie B. Kaplow et al., "Out of the Mouths of Babes: Links Between Linguistic Structure of Loss Narratives and Psychosocial Functioning in Parentally Bereaved Children," *Journal of Traumatic Stress* 31 (2018): 342–351.

138 經驗常態化：Robert L. Leahy, "Emotional Schema Therapy: A Bridge over Troubled Waters," in *Acceptance and Mindfulness in Cognitive Behavior Therapy: Understanding and Applying New Therapies,* ed. J. D. Herbert and E. M. Forman (Hoboken, NJ: John Wiley & Sons, 2011), 109–131; and Blake E. Ashforth and Glen E. Kreiner, "Normalizing Emotion in Organizations: Making the Extraordinary Seem Ordinary," *Human Resource Management Review* 12 (2002): 215–235.

139 雪柔・桑德伯格：桑德伯格喪夫後，於2015年6月3日發布的臉書貼文見：www.facebook.com/sheryl/posts/10155617891025177:0。另見桑德伯格於2017年6月25日與歐普拉的訪談：*Super Soul Sunday,* http://www.oprah.com/own-super-soul-sunday/the-daily-habit-the-helped-sheryl-sandberg-heal-after-tragedy-video。

139 創造有益的情感距離：Park, Ayduk, and Kross, "Stepping Back to Move Forward."

140 通用第二人稱：Ariana Orvell, Ethan Kross, and Susan Gelman, "How 'You' Makes Meaning," *Science* 355 (2017): 1299–1302. 另見Ariana Orvell, Ethan Kross, and Susan Gelman, "Lessons Learned: Young Children's Use of Generic-You to Make Meaning from

Negative Experiences," *Journal of Experimental Psychology: General* 148 (2019): 184–191.

140 另一種語言技巧：Orvell et al., "Linguistic Shifts."

141 從負面經驗中學習：Orvell, Kross, and Gelman, "How 'You' Makes Meaning."

第五章

146 接著再度對他們開槍：Steven Gray, "How the NIU Massacre Happened," *Time,* Feb. 16, 2008, content.time.com/time/nation/article/0,8599,1714069,00.html.

146 維克里和弗拉里：Amanda M. Vicary and R. Chris Fraley, "Student Reactions to the Shootings at Virginia Tech and Northern Illinois University: Does Sharing Grief and Support over the Internet Affect Recovery?," *Personality and Social Psychology Bulletin* 36 (2010): 1555–1563; report of the February 14, 2008, shootings at Northern Illinois University, https://www.niu.edu/forward/_pdfs/archives/feb14report.pdf; Susan Saulny and Monica Davey, "Gunman Kills at Least 5 at U.S. College," *New York Times,* Feb. 15, 2008; and Cheryl Corley and Scott Simon, "NIU Students Grieve at Vigil," NPR, Feb. 16, 2008, https://www.npr.org/templates/story/story.php?storyId=19115808&t=1586343329323.

148 一名維吉尼亞理工大學的學生：Vicary and Fraley, "Student Reactions to the Shootings at Virginia Tech and Northern Illinois University."

149 九一一恐攻：Mark D. Seery et al., "Expressing Thoughts and Feelings Following a Collective Trauma: Immediate Responses to 9/11 Predict Negative Outcomes in a National Sample," *Journal of Consulting and Clinical Psychology* 76 (2008): 657–667. 用來衡量911恐攻後情感表達程度的是一個開放式提示，請參與者分享他們對事件的感受。研究作者以此提示代替真人提問，評估受試者對他人表達情緒的傾向（頁663、665）。很重要的一點是，研究作者證實，完成開放式提示作答的人，也回覆自己在恐攻後更常尋求情感支持並對他人宣洩情緒（頁664）。

表達情感不見得總是好事，有關這一點的更多來源請見Richard McNally, Richard J. Bryant, and Anke Ehlers, "Does Early Psychological Intervention Promote Recovery from Posttraumatic Stress?," *Psychological Science in the Public Interest* 4 (2003): 45–79;

Arnold A. P. van Emmerik et al., "Single Session Debriefing After Psychological Trauma: A Meta-analysis," *Lancet* 360 (2002): 766–771; George A. Bonanno, "Loss, Trauma, and Human Resilience: Have We Underestimated the Human Capacity to Thrive After Extremely Aversive Events?," *American Psychologist* 59 (2004): 20–28; Bushman, "Does Venting Anger Feed or Extinguish the Flame?" ; Bushman et al., "Chewing on It Can Chew You Up" ; and Rimé, "Emotion Elicits the Social Sharing of Emotion."

151 最早的提倡者：Aristotle, *Poetics* (Newburyport, MA: Pullins, 2006). 另見Brad J. Bushman, "Catharsis of Aggression," in *Encyclopedia of Social Psychology,* ed. Roy F. Baumeister and Kathleen D. Vohs (Thousand Oaks, CA: Sage, 2007), 135–137; and The Editors of *Encyclopaedia Britannica,* "Catharsis," *Encyclopaedia Britannica*。

151 佛洛依德和他的導師：Josef Breuer and Sigmund Freud, *Studies on Hysteria, 1893–1895* (London: Hogarth Press, 1955).

151 更早的發展階段：這一節以里梅出色的整合研究為根據，說明在將情感調節確立為一種人際過程時，發展過程在其中所扮演的角色。Rimé, "Emotion Elicits the Social Sharing of Emotion."

153 想要歸屬感的基本需求：Roy F. Baumeister and Mark R. Leary, "The Need to Belong: Desire for Interpersonal Attachments as a Fundamental Human Motivation," *Psychological Bulletin* 117 (1995): 497–529.

153 「照料和結盟」反應：Shelley E. Taylor, "Tend and Befriend: Biobehavioral Bases of Affiliation Under Stress," *Current Directions in Psychological Science* 15 (2006): 273–77.

153 尋求他人：研究顯示，光是想到受人照顧，在心中喚起他們的圖像，就足以啟動一個內在教練，彷彿腦內早有一套腳本。依附理論研究先驅，心理學家馬利歐．米古林瑟（Mario Mikulincer）與菲利浦．沙弗（Phillip Shaver）指出，無聲的心智腳本是這樣的：「如果我碰上阻礙並/或陷入困難，我可以去找一個重要的人幫忙；他或她很可能提供我陪伴與支持；與這個人親近會讓我感到舒緩而安適；之後我就可以繼續從事其他活動。」Mario Mikulincer et al., "What's Inside the Minds of Securely and Insecurely Attached People? The Secure-Base Script and Its Associations with Attachment-Style Dimensions," *Journal of Personality and Social Psychology* 97 (2002): 615–633.

腳本的概念，在我於2015年和康乃爾大學心理學家Vivian Zayas和她學生合作的研究中發揮了作用，我們的研究檢視，看到依戀對象的照片，是否對管理小對話有所影響。更明確的說，我們請參與者看著他們的母親或其他人母親的一張照片。正如米古林瑟和沙弗會預測的，看著自己母親的照片減少了他們的情感痛苦：他們給自己的情緒評分是感覺好多了。Emre Selcuk et al., "Mental Representations of Attachment Figures Facilitate Recovery Following Upsetting Autobiographical Memory Recall," *Journal of Personality and Social Psychology* 103 (2012): 362–378.

154 滿足情感需求而非認知需求：Christelle Duprez et al., "Motives for the Social Sharing of an Emotional Experience," *Journal of Social and Personal Relationships* 32 (2014): 757–787. Also see Lisanne S. Pauw et al., "Sense or Sensibility? Social Sharers' Evaluations of Socio-affective vs. Cognitive Support in Response to Negative Emotions," *Cognition and Emotion* 32 (2018): 1247–1264.

155 交談對象往往會錯過那些線索：Lisanne S. Pauw et al., "I Hear You (Not): Sharers' Expressions and Listeners' Inferences of the Need for Support in Response to Negative Emotions," *Cognition and Emotion* 33 (2019): 1129–1243.

155 共同芻思：Amanda J. Rose, "Co-rumination in the Friendships of Girls and Boys," *Child Development* 73 (2002): 1830–1843; Jason S. Spendelow, Laura M. Simonds, and Rachel E. Avery, "The Relationship Between Co-rumination and Internalizing Problems: A Systematic Review and Meta-analysis," *Clinical Psychology and Psychotherapy* 24 (2017): 512–527; Lindsey B. Stone et al., "Co-rumination Predicts the Onset of Depressive Disorders During Adolescence," *Journal of Abnormal Psychology* 120 (2011): 752–757; and Benjamin L. Hankin, Lindsey Stone, and Patricia Ann Wright, "Co-rumination, Interpersonal Stress Generation, and Internalizing Symptoms: Accumulating Effects and Transactional Influences in a Multi-wave Study of Adolescents," *Developmental Psychopathology* 22 (2010): 217–235. 另見Rimé, "Emotion Elicits the Social Sharing of Emotion"。

156 內在對話更像骨牌：擴散激發（spreading activation）理論在芻思中扮演角色的相關討論請見Rusting and Nolen-Hoeksema, "Regulating Responses to Anger"。

158 最有效的語言交流：Andrew C. High and James Price Dillard, "A Review and Meta-analysis of Person-Centered Messages and Social Support Outcomes," *Communication Studies* 63 (2012): 99–118; Frederic Nils and Bernard Rimé, "Beyond the Myth of Venting: Social Sharing Modes Determine Emotional and Social Benefits from Distress Disclosure," *European Journal of Social Psychology* 42 (2012): 672–681; Stephen J. Lepore et al., "It's Not That Bad: Social Challenges to Emotional Disclosure Enhance Adjustment to Stress," *Anxiety, Stress, and Coping* 17 (2004): 341–361; Anika Batenburg and Enny Das, "An Experimental Study on

the Effectiveness of Disclosing Stressful Life Events and Support Messages: When Cognitive Reappraisal Support Decreases Emotional Distress, and Emotional Support Is Like Saying Nothing at All," *PLoS One* 9 (2014): e114169; and Stephanie Tremmel and Sabine Sonnentag, "A Sorrow Halved? A Daily Diary Study on Talking About Experienced Workplace Incivility and Next-Morning Negative Affect," *Journal of Occupational Health Psychology* 23 (2018): 568–583.

159 不願意調整自己的認知：Gal Sheppes, "Transcending the 'Good and Bad' and 'Here and Now' in Emotion Regulation: Costs and Benefits of Strategies Across Regulatory Stages," *Advances in Experimental Social Psychology* 61 (2020). 時間在社會交流中所扮演角色的進一步討論見Rimé, "Emotion Elicits the Social Sharing of Emotion"。

159 一但挾持者了解：Christopher S. Wren, "2 Give Up After Holding 42 Hostages in a Harlem Bank," *New York Times,* April 19, 1973; Barbara Gelb, "A Cool-Headed Cop Who Saves Hostages," *New York Times,* April 17, 1977; Gregory M. Vecchi et al., "Crisis (Hostage) Negotiation: Current Strategies and Issues in High-Risk Conflict Resolution," *Aggression and Violent Behavior* 10 (2005): 533–551; Gary Noesner, *Stalling for Time* (New York: Random House, 2010); "Police Negotiation Techniques from the NYPD Crisis Negotiations Team," Harvard Law School, Nov. 11, 2019, https://www.pon.harvard.edu/daily/crisis-negotiations/crisis-negotiations-and-negotiation-skills-insights-from-the-new-york -city-police-department-hostage-negotiations-team/.

161 開拓多樣的支持來源：Elaine O. Cheung, Wendi L. Gardner, and Jason F. Anderson, "Emotionships: Examining People's Emotion-Regulation Relationships and Their Consequences for Well-Being," *Social Psychological and Personality Science* 6 (2015): 407–414.

162 全球草根運動：It Gets Better Project, itgetsbetter.org/; "How It All Got Started," https://itgetsbetter.org/blog/initiatives/how-it-all-got-started/; Brian Stelter, "Campaign Offers Help to Gay Youths," *New York Times,* Oct. 18, 2010; and Dan Savage, "Give 'Em Hope," *The Stranger,* Sept. 23, 2010.

163 心理晤談：McNally, Bryant, and Ehlers, "Does Early Psychological Intervention Promote Recovery from Posttraumatic Stress?"; and van Emmerik et al., "Single Session Debriefing After Psychological Trauma."

164 強烈的神經生理經驗：同理心研究評述請見Zaki, *War for Kindness;* de Waal and Preston, "Mammalian Empathy"; and Erika Weisz and Jamil Zaki, "Motivated Empathy: A Social Neuroscience Perspective," *Current Opinion in Psychology* 24 (2018): 67–71.

165 損害的不僅是我們的自尊：研究人際關係的艾什柯爾・拉菲利（Eshkol Rafaeli）和馬西・葛里森（Marci Gleason）針對社會支持相關研究有精闢的評述：Eshkol Rafaeli and Marci Gleason, "Skilled Support Within Intimate Relationships," *Journal of Family Theory and Review* 1 (2009): 20–37。他們也詳細討論了可見的支持可能產生反效果的許多其他方式。他們指出，可見的支持可能使注意聚焦在壓力來源，加深一個人對伴侶的虧欠感，凸顯關係中的不平等，若支持伴隨著批評而來，還會被視為帶有敵意（不論用意有多良好）。

165 紐約律師資格考試：Niall Bolger, Adam Zuckerman, and Ronald C. Kessler, "Invisible Support and Adjustment to Stress," *Journal of Personality and Social Psychology* 79 (2000): 953–61. 這項研究結果的概念性複製實驗請見Niall Bolger and David Amarel, "Effects of Social Support Visibility on Adjustment to Stress: Experimental Evidence," *Journal of Personality and Social Psychology* 92 (2007): 458–475。

167 針對婚姻的一項研究：Yuthika U. Girme et al., "Does Support Need to Be Seen? Daily Invisible Support Promotes Next Relationship Well-Being," *Journal of Family Psychology* 32 (2018): 882–893.

167 比較可能達到目標：Yuthika U. Girme, Nickola C. Overall, and Jeffry A. Simpson, "When Visibility Matters: Short-Term Versus Long-Term Costs and Benefits of Visible and Invisible Support," *Personality and Social Psychology Bulletin* 39 (2013): 1441–1454.

167 隱形支持在某些特定情況：Katherine S. Zee and Niall Bolger, "Visible and Invisible Social Support: How, Why, and When," *Current Directions in Psychological Science* 28 (2019): 314–320. 另見Katherine S. Zee et al., "Motivation Moderates the Effects of Social Support Visibility," *Journal of Personality and Social Psychology* 114 (2018): 735–765。

168 帶著關懷的身體接觸：Brittany K. Jakubiak and Brooke C. Feeney, "Affectionate Touch to Promote Relational, Psychological, and Physical Well-Being in Adulthood: A Theoretical Model and Review of the Research," *Personality and Social Psychology Review* 21 (2016): 228–252.

168 輕觸肩頭一秒：Sander L. Koole, Mandy Tjew A. Sin, and Iris K. Schneider, "Embodied Terror Management: Interpersonal Touch Alleviates Existential Concerns Among Individuals with Low Self-Esteem," *Psychological Science* 25 (2014): 30–37.

168 泰迪熊：Ibid.; and Kenneth Tai, Xue Zheng, and Jayanth Narayanan, "Touching a Teddy Bear Mitigates Negative Effects of Social

Exclusion to Increase Prosocial Behavior," *Social Psychological and Personality Science* 2 (2011): 618–626.

168 大腦把接觸填充玩具：Francis McGlone, Johan Wessberg, and Hakan Olausson, "Discriminative and Affective Touch: Sensing and Feeling," *Neuron* 82 (2014): 737–751. C神經纖維（C-fibers）在社會支持中扮演角色的討論請見Jakubiak and Feeney, "Affectionate Touch to Promote Relational, Psychological, and Physical Well-Being in Adulthood"。

168 社交器官：India Morrison, Line S. Loken, and Hakan Olausson, "The Skin as a Social Organ," *Experimental Brain Research* 204 (2009): 305–314.

170 社群媒體上的共同芻思：David S. Lee et al., "When Chatting About Negative Experiences Helps—and When It Hurts: Distinguishing Adaptive Versus Maladaptive Social Support in Computer-Mediated Communication," *Emotion* 20 (2020): 368–375. 顯示社會分享過程可以概化至社群媒體互動的更多證據請見Mina Choi and Catalina L. Toma, "Social Sharing Through Interpersonal Media"。

第六章

174 1963年：Erik Gellman, Robert Taylor Homes, Chicago Historical Society, http://www.encyclopedia.chicagohistory.org/pages/2478.html.

174 羅勃泰勒住宅：Aaron Modica, "Robert R. Taylor Homes, Chicago, Illinois (1959–2005)," BlackPast, Dec. 19, 2009, blackpast.org/aah/robert-taylor-homes-chicago-illinois-1959-2005; D. Bradford Hunt, "What Went Wrong with Public Housing in Chicago? A History of the Robert Taylor Homes," *Journal of the Illinois State Historical Society* 94 (2001): 96–123; Hodding Carter, *Crisis on Federal Street,* PBS (1987).

175 郭以明：Frances E. Kuo, "Coping with Poverty: Impacts of Environment and Attention in the Inner City," *Environment and Behavior* 33 (2001): 5–34.

175 歐瑞奇：Roger S. Ulrich, "View Through a Window May Influence Recovery from Surgery," *Science* 224 (1984): 420–421.

177 有關綠意景觀的發現：有關接觸自然與健康之間的關係，近日研究評述請見Gregory N. Bratman et al., "Nature and

Mental Health: An Ecosystem Service Perspective," *Science Advances* 5 (2019): eaax0903; Roly Russell et al., "Humans and Nature: How Knowing and Experiencing Nature Affect Well-Being," *Annual Review of Environmental Resources* 38 (2013): 473–502; Ethan A. McMahan and David Estes, "The Effect of Contact with Natural Environments on Positive and Negative Affect: A Meta-analysis," *Journal of Positive Psychology* 10 (2015): 507–519; and Terry Hartig et al., "Nature and Health," *Annual Review of Public Health* 35 (2014): 207–228。

177 一萬名英國人：Mathew P. White et al., "Would You Be Happier Living in a Greener Urban Area? A Fixed-Effects Analysis of Panel Data," *Psychological Science* 24 (2013): 920–928.

177 年輕七歲：Omid Kardan et al., "Neighborhood Greenspace and Health in a Large Urban Center," *Scientific Reports* 5 (2015): 11610.

177 英國所有退休年齡以下人口：Richard Mitchell and Frank Popham, "Effect of Exposure to Natural Environment on Health Inequalities: An Observational Population Study," *Lancet* 372 (2008): 1655–1660. Also see David Rojas-Rueda et al., "Green Spaces and Mortality: A Systematic Review and Meta-analysis of Cohort Studies," *Lancet Planet Health* 3 (2019): 469–477.

178 史蒂芬與瑞秋・卡普蘭：Rachel Kaplan and Stephen Kaplan, *The Experience of Nature: A Psychological Perspective* (New York: Cambridge University Press, 1989). 為了講述卡普蘭夫婦的故事，我也取材自這篇文章：Rebecca A. Clay, "Green Is Good for You," *Monitor on Psychology* 32 (2001): 40。

178 詹姆斯：William James, *Psychology: The Briefer Course* (New York: Holt, 1892).

179 大腦的有限資源：就其與大自然和注意力恢復的關係而言，自主與不自主注意力有何異同，精闢討論請見Stephen Kaplan and Marc G. Berman, "Directed Attention as a Common Resource for Executive Functioning and Self-Regulation," *Perspectives on Psychological Science* 5 (2010): 43–57。另見Timothy J. Buschman and Earl K. Miller, "Top-Down Versus BottomUp Control of Attention in the Prefrontal and Posterior Parietal Cortices," *Science* 315 (2007): 1860–1862。

180 一項經典實驗：Marc G. Berman, John Jonides, and Stephen Kaplan, "The Cognitive Benefits of Interacting with Nature," *Psychological Science* 19 (2008): 1207–1212. Also see Terry Hartig et al., "Tracking Restoration in Natural and Urban Field

Settings," *Journal of Environmental Psychology* 23 (2003): 109–123.

181 臨床憂鬱症患者：Marc G. Berman et al., "Interacting with Nature Improves Cognition and Affect for Individuals with Depression," *Journal of Affective Disorders* 140 (2012): 300–305.

181 另一個團隊進行的衛星影像研究：Kristine Engemann et al., "Residential Green Space in Childhood Is Associated with Lower Risk of Psychiatric Disorders from Adolescence into Adulthood," *Proceedings of the National Academy of Sciences of the United States of America* 116 (2019): 5188–5193. Also see White et al., "Would You Be Happier Living in a Greener Urban Area?"

181 加州帕羅奧圖：Gregory N. Bratman et al., "Nature Experience Reduces Rumination and Subgenual Prefrontal Cortex Activation," *Proceedings of the National Academy of Sciences of the United States of America* 112 (2015): 8567–8572. 針對行為層面的概念複製實驗請見Gregory N. Bratman et al., "The Benefits of Nature Experience: Improved Affect and Cognition," *Landscape and Urban Planning* 138 (2015): 41–50，這項研究確立了在大自然（相對於都市裡）漫步，與減少芻思和焦慮以及更多正向情感和提升工作記憶功能有關。

182 在城市出生長大的居民：很多人聽到大自然具有認知與情感恢復效應的發現時，很自然抱持懷疑。事實上，有一組設計巧妙的研究發現，人總是低估與綠意景觀互動對改善情緒的幫助有多少。Elizabeth K. Nisbet and John M. Zelenski, "Underestimating Nearby Nature: Affective Forecasting Errors Obscure the Happy Path to Sustainability," *Psychological Science* 22 (2011): 1101–1106.

182 全世界六八%的人口：United Nations, Department of Economic and Social Affairs, Population Division, *World Urbanization Prospects: The 2018 Revision* (New York: United Nations, 2019); and Hannah Ritchie and Max Roser, "Urbanization," *Our World in Data* (2018, updated 2019), https://ourworldindata.org/urbanization#migration-to-towns-and-cities-is-very-recent-mostly-limited-to-the-past-200-years.

183 六分鐘的影片：Bin Jiang et al., "A Dose-Response Curve Describing the Relationship Between Urban Tree Cover Density and Self-Reported Stress Recovery," *Environment and Behavior* 48 (2016): 607–629. Also see Daniel K. Brown, Jo L. Barton, and Valerie F. Gladwell, "Viewing Nature Scenes Positively Affects Recovery of Autonomic Function Following Acute-Mental Stress," *Environmental*

Science and Technology 47 (2013): 5562–5569; Berman, Jonides, and Kaplan, "Cognitive Benefits of Interacting with Nature"; and McMahan and Estes, "Effect of Contact with Natural Environments on Positive and Negative Affect."

183 在注意力任務上的表現：Stephen C. Van Hedger et al., "Of Cricket Chirps and Car Horns: The Effect of Nature Sounds on Cognitive Performance," *Psychonomic Bulletin and Review* 26 (2019): 522–530.

184 接觸自然愈久：Danielle F. Shanahan et al., "Health Benefits from Nature Experiences Depend on Dose," *Scientific Reports* 6 (2016): 28551. Also see Jiang et al., "Dose-Response Curve Describing the Relationship Between Urban Tree Cover Density and Self-Reported Stress Recovery."

184 透過都市自然體驗恢復活力：ReTUNE (Restoring Through Urban Nature Experience), The University of Chicago, https://appchallenge.uchicago.edu/retune/, accessed March 4, 2020. ReTUNE app: https://retune-56d2e.firebaseapp.com/.

185 波特抓起槳：蘇珊・波特，2008年10月1日接受伊森・克洛斯訪談。

186 「伊拉克最危險的地方」：Mark Kukis, "The Most Dangerous Place in Iraq," *Time,* Dec. 11, 2006.

187 心理學家安德森：Craig L. Anderson, Maria Monroy, and Dacher Keltner, "Awe in Nature Heals: Evidence from Military Veterans, At-Risk Youth, and College Students," *Emotion* 18 (2018): 1195–1202.

187 敬畏……的驚奇感受：Jennifer E. Stellar et al., "Self-Transcendent Emotions and Their Social Functions: Compassion, Gratitude, and Awe Bind Us to Others Through Prosociality," *Emotion Review* 9 (2017): 200–207; Paul K. Piff et al., "Awe, the Small Self, and Prosocial Behavior," *Journal of Personality and Social Psychology* 108 (2015): 883–899; and Michelle N. Shiota, Dacher Keltner, and Amanda Mossman, "The Nature of Awe: Elicitors, Appraisals, and Effects on Self-Concept," *Cognition and Emotion* 21 (2007): 944–963.

188 大腦經歷敬畏感經驗時：Michiel van Elk et al., "The Neural Correlates of the Awe Experience: Reduced Default Mode Network Activity During Feelings of Awe," *Human Brain Mapping* 40 (2019): 3561–3574.

188 人在冥想……時的大腦反應：Judson A. Brewer et al., "Meditation Experience Is Associated with Differences in Default Mode Network Activity and Connectivity," *Proceedings of the National Academy of Sciences of the United States of America* 108 (2011): 20254–

20259. 敬畏感經驗與服用迷幻藥物之間以大腦功能而言的關係，相關討論請見van Elk et al., "The Neural Correlates of the Awe Experience: Reduced Default Mode Network Activity During Feelings of Awe"。另見Robin L. Carhart-Harris et al., "The Entropic Brain: A Theory of Conscious States Informed by Neuroimaging Research with Psychedelic Drugs," *Frontiers in Human Neuroscience* 3 (2014): 20。

188 我們會發展出這種情感：相關討論見Stellar et al., "Self-Transcendent Emotions and Their Social Functions"。

190 是世界中心：舉例而言，見Yang Bai et al. "Awe, the Diminished Self, and Collective Engagement: Universals and Cultural Variations in the Small Self," *Journal of Personality and Social Psychology* 113 (2017): 185–209。

190 思緒流動的方式：van Elk et al., "Neural Correlates of the Awe Experience."

190 其他抽離技巧：相似的主張請見Phuong Q. Le et al., "When a Small Self Means Manageable Obstacles: Spontaneous Self-Distancing Predicts Divergent Effects of Awe During a Subsequent Performance Stressor," *Journal of Experimental Social Psychology* 80 (2019): 59–66。這項研究還有一個有趣的發現，即從心血管壓力反應而言，思索負面經驗時傾向自發性抽離的人，在高壓力強度的演講前，最有可能因為經歷敬畏感而受益。

190 買一只新手錶：Melanie Rudd, Kathleen D. Vohs, and Jennifer Aaker, "Awe Expands People's Perception of Time, Alters Decision Making, and Enhances Well-Being," *Psychological Science* 23 (2012): 1130–1136.

190 減少發炎反應：Jennifer E. Stellar et al., "Positive Affect and Markers of Inflammation: Discrete Positive Emotions Predict Lower Levels of Inflammatory Cytokines," *Emotion* 15 (2015): 129–133.

190 一組研究發現：Jennifer E. Stellar et al., "Awe and Humility," *Journal of Personality and Social Psychology* 114 (2018): 258–269.

191 智慧的標準特徵：Grossmann and Kross, "Exploring Solomon's Paradox."

191 重要的但書：Amie Gordon et al., "The Dark Side of the Sublime: Distinguishing a Threat-Based Variant of Awe," *Journal of Personality and Social Psychology* 113 (2016): 310–328.

193 「我最努力做到的」：Rafael Nadal, *Rafa: My Story,* with John Carlin (New York: Hachette Books, 2013); Chris Chase, "The Definitive Guide to Rafael Nadal's 19 Bizarre Tennis Rituals," *USA Today,* June 5, 2019.

193 補償控制：Mark J. Landau, Aaron C. Kay, and Jennifer A. Whitson, "Compensatory Control and the Appeal of a Structured World," *Psychological Bulletin* 141 (2015): 694–722.

193 「這是我參加比賽的方式」：Nadal, *Rafa*.

193 近藤麻理惠為何風靡全球：Maria Kondo, *The Life-Changing Magic of Tidying Up: The Japanese Art of Decluttering and Organizing* (Berkeley, CA: Ten Speed Press, 2014).

194 主觀控制感：Mark Landau, Aaron Kay與Jennifer Whitson精闢的指出，這個主題在過去六十年來備受關注，有從不同角度進行的大量研究，見他們的評述文章："Compensatory Control and the Appeal of a Structured World"。

194 是否為目標努力：Albert Bandura, *Social Foundations of Thought and Action: A Social Cognitive Theory* (Englewood Cliffs, NJ: Prentice-Hall, 1986); and Bandura, *Self-Efficacy: The Exercise of Control* (New York: Freeman, 1997).

194 身體和情緒健康的提升：相關評述請見Landau, Kay, and Whitson, "Compensatory Control and the Appeal of a Structured World"; D. H. Shapiro, Jr., C. E. Schwartz, and J. A. Astin, "Controlling Ourselves, Controlling Our World: Psychology's Role in Understanding Positive and Negative Consequences of Seeking and Gaining Control," *The American Psychologist* 51 (1996): 1213–1230; and Bandura, *Self-Efficacy: The Exercise of Control*. Also see Richard M. Ryan and Edward L. Deci, "Self-Determination Theory and the Facilitation of Intrinsic Motivation, Social Development, and Well-Being," *American Psychologist* 55 (2000): 68–78。

194 學業與工作表現更佳：Michelle Richardson, Charles Abraham, and Rod Bond, "Psychological Correlates of University Students' Academic Performance: A Systematic Review and Meta-analysis," *Psychological Bulletin* 138 (2012): 353–387; Michael Schneider and Franzis Preckel, "Variables Associated with Achievement in Higher Education: A Systematic Review of Meta-analyses," *Psychological Bulletin* 143 (2017): 565–600; Alexander D. Stajkovic and Fred Luthans, "Self-Efficacy and Work-Related Performance: A Meta-analysis," *Psychological Bulletin* 124 (1998): 240–261.

194 更令人滿足的人際關係：Toni L. Bisconti and C. S. Bergeman, "Perceived Social Control as a Mediator of the Relationships Among Social Support, Psychological Well-Being, and Perceived Health," *Gerontologist* 39 (1999): 94–103; Tanya S. Martini, Joan E. Grusec, and Silvia C. Bernardini, "Effects of Interpersonal Control, Perspective Taking, and Attributions on Older Mothers' and Adult

Daughters' Satisfaction with Their Helping Relationships," *Journal of Family Psychology* 15 (2004): 688–705.

194 導致小對話激增：相關討論請見Nolen-Hoeksema, Wisco, and Lyubomirsky, "Rethinking Rumination"。

194 驅使我們努力拿回：人經常用來增進控制感的另一個資源是宗教信仰，藉此在實際和心靈層面上獲得秩序、結構與組織。Aaron C. Kay et al., "God and the Government: Testing a Compensatory Control Mechanism for the Support of External Systems," *Journal of Personality and Social Psychology* 95 (2008): 18–35. 相關討論請見Landau, Kay, and Whitson, "Compensatory Control and the Appeal of a Structured World"。

194 生活比較可控：Landau, Kay, and Whitson, "Compensatory Control and the Appeal of a Structured World."

195 其實不存在的圖形：Jennifer A. Whitson and Adam D. Galinsky, "Lacking Control Increases Illusory Pattern Perception," *Science* 322 (2008): 115–117.

195 有結構感邊框：Keisha M. Cutright, "The Beauty of Boundaries: When and Why We Seek Structure in Consumption," *Journal of Consumer Research* 38 (2012): 775–790. 另見Samantha J. Heintzelman, Jason Trent, and Laura A. King, "Encounters with Objective Coherence and the Experience of Meaning in Life," *Psychological Science* 24 (2013): 991–998。

195 閱讀描述有秩序社會：Alexa M. Tullett, Aaron C. Kay, and Michael Inzlicht, "Randomness Increases Self-Reported Anxiety and Neurophysiological Correlates of Performance Monitoring," *Social Cognitive and Affective Neuroscience* 10 (2015): 628–635.

196 在周遭環境中感覺到失序：Catherine E. Ross, "Neighborhood Disadvantage and Adult Depression," *Journal of Health and Social Behavior* 41 (2000): 177–187.

196 強迫症患者：並非所有診斷出強迫症的人都會想在周遭環境建立秩序：Miguel Fullana, "Obsessions and Compulsions in the Community: Prevalence, Interference, Help-Seeking, Developmental Stability, and Co-occurring Psychiatric Conditions," *American Journal of Psychiatry* 166 (2009): 329–336。

196 各種陰謀論：相關討論請見Landau, Kay, and Whitson, "Compensatory Control and the Appeal of a Structured World"。

第七章

200 麥斯默：我以後列來源講述麥斯默的故事：George J. Makari, "Franz Anton Mesmer and the Case of the Blind Pianist," *Hospital and Community Psychiatry* 45 (1994): 106–110; Derek Forrest, "Mesmer," *International Journal of Clinical and Experimental Hypnosis* 50 (2001): 295–308; Douglas J. Lanska and Joseph T. Lanska, "Franz Anton Mesmer and the Rise and Fall of Animal Magnetism: Dramatic Cures, Controversy, and Ultimately a Triumph for the Scientific Method," in *Brain, Mind, and Medicine: Essays in Eighteenth-Century Neuroscience*, ed. Harry Whitaker (New York: Springer, 2007), 301–320; Sadie F. Dingfelder, "The First Modern Psychology Study: Or How Benjamin Franklin Unmasked a Fraud and Demonstrated the Power of the Mind," *Monitor on Psychology* 41 (2010), www.apa.org/monitor/2010/07-08/franklin; and David A. Gallo and Stanley Finger, "The Power of a Musical Instrument: Franklin, the Mozarts, Mesmer, and the Glass Armonica," *History of Psychology* 3 (2000): 326–343。

205 富蘭克林沒有錯過：Benjamin Franklin, *Report of Dr. Benjamin Franklin, and Other Commissioners, Charged by the King of France, with the Examination of Animal Magnetism, as Now Practiced at Paris* (London: printed for J. Johnson, 1785).

205 一直到二十世紀中期：這個重大進展主要可歸因於麻醉醫生亨利・比徹（Henry Beecher），他在1955年發表了〈強大的安慰劑〉一文：Henry Beecher, "The Powerful Placebo," *Journal of the American Medical Association* 159 (1955): 1602–1606。

205 古老傳統：The Editors of *Encyclopaedia Britannica,* "Amulet," *Encyclopaedia Britannica.*

205 神祕封印：Joseph Jacobs and M. Seligsohn, "Solomon, Seal of," *Jewish Encyclopedia,* www.jewishencyclopedia.com/articles/13843-solomon-seal-of.

205 象徵吉祥的符號：Mukti J. Campion, "How the World Loved the Swastika—Until Hitler Stole It," *BBC News,* Oct. 23, 2014, www.bbc.com/news/magazine-29644591.

206 解憂娃娃：Charles E. Schaefer and Donna Cangelosi, *Essential Play Therapy Techniques: Time-Tested Approaches* (New York: The Guilford Press, 2016).

206 海蒂・克魯姆：Dan Snierson, "Heidi Klum Reveals Victoria's Secret," *Entertainment Weekly,* Nov. 21, 2003.

206 麥可・喬登：NBA.com Staff, "Legends Profile: Michael Jordan," NBA, www.nba.com/history/legends/profiles/michael-jordan.

206 水晶療法：Rina Raphael, "Is There a Crystal Bubble? Inside the Billion-Dollar 'Healing' Gemstone Industry," *Fast Company*, May 5, 2017.

206 相當合理：有關理性之人為何會擁抱迷信的心理轉折，精采的討論請見Jane Risen, "Believing What We Do Not Believe: Acquiescence to Superstitious Beliefs and Other Powerful Intuitions," *Psychological Review* 123 (2016): 182–207。

206 多項研究證實：Yoni K. Ashar, Luke J. Chang, and Tor D. Wager, "Brain Mechanisms of the Placebo Effect: An Affective Appraisal Account," *Annual Review of Clinical Psychology* 13 (2017): 73–98; Ted J. Kaptchuk and Franklin G. Miller, "Placebo Effects in Medicine," *New England Journal of Medicine* 373 (2015): 8–9; and Tor D. Wager and Lauren Y. Atlas, "The Neuroscience of Placebo Effects: Connecting Context, Learning and Health," *Nature Reviews Neuroscience* 16 (2015): 403–418.

206 腸躁症患者：Ted J. Kaptchuk et al., "Components of Placebo Effect: Randomized Controlled Trial in Patients with Irritable Bowel Syndrome," *British Medical Journal* 336 (2008): 999–1003.

206 受偏頭痛所苦的人：Karin Meissner et al., "Differential Effectiveness of Placebo Treatments: A Systematic Review of Migraine Prophylaxis," *JAMA Internal Medicine* 173 (2013): 1941–1951.

206 氣喘病患：Michael E. Wechsler et al., "Active Albuterol or Placebo, Sham Acupuncture, or No Intervention in Asthma," *New England Journal of Medicine* 365 (2011): 119–126.

206 隨不同的疾病和患者而有明顯差異：例證請見Andrew L. Geers et al., "Dispositional Optimism Predicts Placebo Analgesia," *The Journal of Pain* 11 (2010): 1165–1171; Marta Pecina et al., "Personality Trait Predictors of Placebo Analgesia and Neurobiological Correlates," *Neuropsychopharmacology* 38 (2013): 639–646。

207 新的化學藥物：C. Warren Olanow et al., "Gene Delivery of Neurturin to Putamen and Substantia Nigra in Parkinson Disease: A Double-Blind, Randomized, Controlled Trial," *Annals of Neurology* 78 (2015): 248–257. 安慰劑有助於改善帕金森氏症的更多證據見Raul de la Fuente-Fernandez et al., "Expectation and Dopamine Release: Mechanism of the Placebo Effect in Parkinson's Disease," *Science* 293 (2001): 1164–1166; Christopher G. Goetz, "Placebo Response in Parkinson's Disease: Comparisons Among

11 Trials Covering Medical and Surgical Interventions," *Movement Disorders* 23 (2008): 690–699; American Parkinson Disease Association, "The Placebo Effect in Clinical Trials in Parkinson's Disease," March, 6, 2017, www.apda parkinson.org/article/the-placebo-effect-in-clinical-trials-in -parkinsons-disease/。

208 參與者完成：Leonie Koban et al., "Frontal-Brainstem Pathways Mediating Placebo Effects on Social Rejection," *Journal of Neuroscience* 37 (2017): 3621–3631.

209 幫助人們對抗小對話：安慰劑能提振情緒，而反面的情況也為真：在稱為反安慰劑效應（nocebo effect）的現象中，相信一個物質會傷害你，在某些情況下真的會帶來那樣的結果。Paul Enck, Fabrizio Benedetti, and Manfred Schedlowski, "New Insights into the Placebo and Nocebo Responses," *Neuron* 59 (2008): 195–206.

209 憂鬱和焦慮：相關評述見Ashar, Chang, and Wager, "Brain Mechanisms of the Placebo Effect"。

210 數月之久：Arif Khan, Nick Redding, and Walter A. Brown, "The Persistence of the Placebo Response in Antidepressant Clinical Trials," *Journal of Psychiatric Research* 42 (2008): 791–796.

210 蒂戈・諾塔羅：Stuart Heritage, "Tig Notaro and Her Jaw-Dropping Cancer Standup Routine," *Guardian,* Oct. 19, 2012; Andrew Marantz, "Good Evening. Hello. I Have Cancer," *New Yorker,* Oct. 5, 2012; Vanessa Grigoriadis, "Survival of the Funniest," *Vanity Fair,* Dec. 18, 2012; and Tig Notaro, *Live,* 2012.

212 大腦是善於預測的機器：Andy Clark, "Whatever Next? Predictive Brains, Situated Agents, and the Future of Cognitive Science," *Behavioral and Brain Sciences* 36 (2013): 181–204.

212 適用於我們的內在經驗：Irving Kirsch, "Response Expectancy and the Placebo Effect," *International Review of Neurobiology* 138 (2018): 81–93; and Christian Büchel et al., "Placebo Analgesia: A Predictive Coding Perspective," *Neuron* 81 (2014): 1223–1239.

213 強化一些信念：有關前意識過程和意識思考過程在安慰劑效應中扮演的角色，可見後述精采討論：Ashar, Chang, and Wager, "Brain Mechanisms of the Placebo Effect"; Donald D. Price, Damien G. Finniss, and Fabrizio Benedetti, "A Comprehensive Review of the Placebo Effect: Recent Advances and Current Thought," *Annual Review of Psychology* 59 (2008): 565–590; and Karin Meissner and Klaus Linde, "Are Blue Pills Better Than Green? How Treatment Features Modulate Placebo Effects," *International*

Review of Neurobiology 139 (2018): 357–378; John D. Jennings et al., "Physicians' Attire Influences Patients' Perceptions in the Urban Outpatient Surgery Setting," *Clinical Orthopaedics and Related Research* 474 (2016): 1908–1918。

213 嚙齒類與其他動物對安慰劑的反應：見Ashar, Chang, and Wager, "Brain Mechanisms of the Placebo Effect"。另見R. J. Herrnstein, "Placebo Effect in the Rat," *Science* 138 (1962): 677–678; and Jian-You Gou et al., "Placebo Analgesia Affects the Behavioral Despair Tests and Hormonal Secretions in Mice," *Psychopharmacology* 217 (2011): 83–90; and K. R. Munana, D. Zhang, and E. E. Patterson, "Placebo Effect in Canine Epilepsy Trials," *Journal of Veterinary Medicine* 24 (2010): 166–170。

214 腦部和脊髓：Tor D. Wager and Lauren Y. Atlas, "The Neuroscience of Placebo Effects."

214 大腦愉悅迴路：Hilke Plassmann et al., "Marketing Actions Can Modulate Neural Representations of Experienced Pleasantness," *Proceedings of the National Academy of Sciences* 105 (2008): 1050–1054.

214 飢餓荷爾蒙：Alia J. Crum et al., "Mind over Milkshakes: Mindsets, Not Just Nutrients, Determine Ghrelin Response," *Health Psychology* 30 (2011): 424–429.

215 對心理……比對生理有用：Ashar, Chang, and Wager, "Brain Mechanisms of the Placebo Effect."

215 安慰劑具有增強作用：Slavenka Kam-Hansen et al., "Altered Placebo and Drug Labeling Changes the Outcome of Episodic Migraine Attacks," *Science Translational Medicine* 6 (2014): 218ra5.

215 強大的說服機制：經典的參考文獻請見Richard E. Petty and John T. Cacioppo, "The Elaboration Likelihood Model of Persuasion," *Advances in Experimental Social Psychology* 19 (1986): 123–205.

215 凱普查克與團隊：Ted J. Kaptchuk et al., "Placebos Without Deception: A Randomized Controlled Trial in Irritable Bowel Syndrome," *PLoS One* 5 (2010): e15591.

216 我的研究室也展開實驗：Darwin Guevarra et al., "Are They Real? Non-deceptive Placebos Lead to Robust Declines in a Neural Biomarker of Emotional Reactivity," *Nature Communications* (in press).

216 非欺騙性安慰劑：James E. G. Charlesworth et al., "Effects of Placebos Without Deception Compared with No Treatment: A Systematic Review and Meta-analysis," *Journal of Evidence-Based Medicine* 10 (2017): 97–107.

218 馬林諾夫斯基：Raymond W. Firth, "Bronislaw Malinowski: Polish-Born British Anthropologist," *Encyclopaedia Britannica*, Feb. 2019; Katharine Fletcher, "Bronislaw Malinowski—LSE pioneer of Social Anthropology," June 13, 2017, LSE History, https://blogs.lse.ac.uk/lsehistory/2017/06/13/bronislaw-malinowski-lse-pioneer-of-social-anthropology/; Michael W. Young and Bronislaw Malinowski, *Malinowski's Kiriwina: Fieldwork Photography*, 1915–1918 (Chicago: University of Chicago Press, 1998).

219 檳榔：Cindy Sui and Anna Lacey, "Asia's Deadly Secret: The Scourge of the Betel Nut," *BBC News*, https://www.bbc.com/news/health-3192120; "Bronislaw Malinowski (1884–1942)," *Lapham's Quarterly*, www.laphamsquarterly.org/contributors/malinowski.

219 「我把你踢下去」：Bronislaw Malinowski, *Argonauts of the Western Pacific: An Account of Native Enterprise and Adventure in the Archipelagoes of Melanesian New Guinea* (Long Grove, IL: Waveland Press, 2010), loc. 5492–5493, Kindle; Bronislaw Malinowski, "Fishing in the Trobriand Islands," *Man* 18 (1918): 87–92; Bronislaw Malinowski, *Man, Science, Religion, and Other Essays* (Boston: Beacon Press, 1948).

220 人類心理：寫作這個章節時，我取材自關於儀式心理學的這篇精采評述：Nicholas M. Hobson et al., "The Psychology of Rituals: An Integrative Review and Process-Based Framework," *Personality and Social Psychology Review* 22 (2018): 260–284。

220 西點軍校："10 Facts: The United States Military Academy at West Point," American Battlefield Trust, www.battlefields.org/learn/articles/10-facts-united-states-military-academy-west-point.

220 在商業界：Samantha McLaren, "A 'No Shoes' Policy and 4 Other Unique Traditions That Make These Company Cultures Stand Out," Linkedin Talent Blog, Nov. 12, 2018, business.linkedin.com/talent-solutions/blog/company-culture/2018/unique-traditions-that-make-these-company-cultures-stand-out.

220 韋德・伯格斯：George Gmelch, "Baseball Magic," in *Ritual and Belief*, ed. David Hicks (Plymouth, UK: AltaMira Press, 2010): 253–262; Jay Brennan, "Major League Baseball's Top Superstitions and Rituals," Bleacher Report, Oct. 3, 2017, bleacherreport.com/articles/375113-top-mlb-superstitions-and-rituals; and Matthew Hutson, "The Power of Rituals," *Boston Globe*, Aug. 18, 2016.

220 賈伯斯：Steve Jobs, Commencement Address, Stanford University, June 12, 2005, *Stanford News*, June 14, 2005.

221 諾頓與吉諾：Michael I. Norton and Francesca Gino, "Rituals Alleviate Grieving for Loved Ones, Lovers, and Lotteries," *Journal of*

Experimental Psychology: General 143 (2014): 266–272.

221 自然轉向：Martin Lang et al., "Effects of Anxiety on Spontaneous Ritualized Behavior," *Current Biology* 25 (2015): 1892–1897; Giora Keinan, "Effects of Stress and Tolerance of Ambiguity on Magical Thinking," *Journal of Personality and Social Psychology* 67 (1994): 48–55; and Stanley J. Rachman and Ray J. Hodgson, *Obsessions and Compulsions* (Upper Saddle River, NJ: Prentice-Hall, 1980).

221 朗讀聖經《詩篇》：Richard Sosis and W. Penn Handwerker, "Psalms and Coping with Uncertainty: Religious Israeli Women's Responses to the 2006 Lebanon War," *American Anthropologist* 113 (2011): 40–55.

221 朗讀《玫瑰經》：Matthew W. Anastasi and Andrew B. Newberg, "A Preliminary Study of the Acute Effects of Religious Ritual on Anxiety," *Journal of Alternative and Complementary Medicine* 14 (2008): 163–165.

221 攝取較少卡路里：Allen Ding Tian et al., "Enacting Rituals to Improve Self-Control," *Journal of Personality and Social Psychology* 114 (2018): 851–876.

222 經典歌曲「永遠相信」：Alison Wood Brooks et al., "Don't Stop Believing: Rituals Improve Performance by Decreasing Anxiety," *Organizational Behavior and Human Decision Processes* 13 (2016): 71–85. 也有證據顯示，進行儀式能減少在人感到焦慮時會啟動的大腦系統活化程度。Nicholas M. Hobson, Devin Bonk, and Michael Inzlicht, "Rituals Decrease the Neural Response to Performance Failure," *PeerJ* 5 (2017): e3363.

222 不只是習慣或慣例：Hobson et al., "Psychology of Rituals."

222 泳將萊絲：Gary Morley, "Rice's Rituals: The Golden Girl of Australian Swimming," CNN, June 28, 2012, www.cnn.com/2012/06/28/sport/olympics-2012-stephanie-rice-australia/index.html.

224 儀式性的清潔行為：Lang et al., "Effects of Anxiety on Spontaneous Ritualized Behavior."

224 遭同儕排斥：Rachel E. Watson-Jones, Harvey Whitehouse, and Cristine H. Legare, "In-Group Ostracism Increases High-Fidelity Imitation in Early Childhood," *Psychological Science* 27 (2016): 34–42.

225 是否達成目標：E. Tory Higgins, "Self-Discrepancy: A Theory Relating Self and Affect," *Psychological Review* 94 (1987): 319–340;

and Charles S. Carver and Michael F. Scheier, "Control Theory: A Useful Conceptual Framework for Personality-Social, Clinical, and Health Psychology," *Psychological Bulletin* 92 (1982): 111–135. 另見Earl K. Miller and Jonathan D. Cohen, "An Integrative Theory of Prefrontal Cortex Function," *Annual Review of Neuroscience* 24 (2001): 167–202。

226 卡拉OK研究：Brooks et al., "Don't Stop Believing."

結語

231 人類的演化不是為了隨時都這樣活著：這麼說不是表示冥想與正念沒有用處。和本章中整理的其他技巧一樣，這些工具在某些情境下有用。更重要的一點是，一直專注於當下並沒有好處（也不可行），因為若想成功，我們往往需要思索未來與過去。

232 少量的恐懼：Dacher Keltner and James J. Gross, "Functional Accounts of Emotions," *Cognition and Emotion* 13 (1999): 467–480; and Randolph M. Nesse, "Evolutionary Explanations of Emotions," *Human Nature* 1 (1989): 261–289.

232 沒有痛覺的人：U.S. National Library of Medicine, "Congenital Insensitivity to Pain," National Institutes of Health, Dec. 10, 2019, ghr.nlm.nih.gov/condition/congenital-insensitivity -to-pain#genes.

235 轉化為一套課程：這個計畫課程大致聚焦在教導學生如何運用本書中談到的幾個策略，以及實證支持的其他工具，藉以控制自己的情緒。

235 前導研究：這項研究於2019年冬季在美國東北部一所高中進行。學生經過隨機分配，有些上的是工具箱課程，有些上的是「控制組」課程，內容是學習科學（science of learning）。課程由科學家（包括Angela Duckworth、Daniel Willingham、John Jonides、Ariana Orvell、Benjamin Katz和我）與老師（包括Rhiannon Killian和Keith Desrosiers）共同設計。

237 在不同情境下：能夠靈活使用不同的情緒管理策略非常重要，相關評述請見Cecilia Cheng, "Cognitive and Motivational Processes Underlying Coping Flexibility: A Dual-Process Model," *Journal of Personal and Social Psychology* 84 (2003): 425–438; and

George A. Bonanno and Charles L. Burton, "Regulatory Flexibility: An Individual Differences Perspective on Coping and Emotion Regulation," *Perspectives on Psychological Science* 8 (2013): 591–612。

237 交替使用時：James J. Gross, "Emotion Regulation: Current Status and Future Prospects," *Psychological Inquiry* 26 (2015): 1–26; Ethan Kross, "Emotion Regulation Growth Points: Three More to Consider," *Psychological Inquiry* 26 (2015): 69–71.

國家圖書館出版品預行編目（CIP）資料

強大內心的自我對話習慣／伊森・克洛斯(Ethan Kross)著；胡宗香譯. -- 第一版. -- 臺北市：天下雜誌股份有限公司, 2021.05
312面 ; 14.8×21公分. -- (新視野 ; 47)
譯自 : Chatter
ISBN 978-986-398-673-7(平裝)
1. 內隱語言　2.溝通　3.自我實現　4.認知心理學
176.49　110005851

新視野 047

強大內心的自我對話習慣

CHATTER

作　　者／伊森．克洛斯（Ethan Kross）
譯　　者／胡宗香
封面設計／Bianco Tsai
內頁排版／邱介惠
責任編輯／許　湘

發 行 人／殷允芃
出版部總編輯／吳韻儀
出 版 者／天下雜誌股份有限公司
地　　址／台北市 104 南京東路二段 139 號 11 樓
讀者服務／（02）2662-0332　傳真／(02）2662-6048
天下雜誌GROUP網址／ http://www.cw.com.tw
劃撥帳號／01895001天下雜誌股份有限公司
法律顧問／台英國際商務法律事務所．羅明通律師
製版印刷／中原造像股份有限公司
總經銷／大和圖書有限公司　電話／（02）8990-2588
出版日期／2021 年 5 月 26 日第一版第一次印行
　　　　　2021 年 6 月第一版第二次印行
定　　價／420 元

書號：BCCS0047P
ISBN：978-986-398-673-7（平裝）